भूले-बिसरे फ़िल्म संगीत सितारे

भूले-बिसरे फ़िल्म संगीत सितारे

रघुनन्दन शर्मा 'तुषार'

वाणी प्रकाशन

वाणी प्रकाशन

4695, 21-ए, दरियागंज, नयी दिल्ली 110 002

फ़ोन : +91 11 23273167 फ़ैक्स : +91 11 23275710

शाखाएँ

अशोक राजपथ, पटना 800 004, बिहार

कॉफ़ी हाउस कैम्पस, महात्मा गांधी मार्ग, इलाहाबाद 211 001, उत्तर प्रदेश

महात्मा गांधी अन्तरराष्ट्रीय हिन्दी विश्वविद्यालय, वर्धा 442 001, महाराष्ट्र

www.vaniprakashan.com
marketing@vaniprakashan.in
sales@vaniprakashan.in

Bhoole–Bisre Film Sangeet Sitare
by Raghunandan Sharma 'Tushar'

ISBN : 978-93-5518-037-7
Cinema/Music

प्रथम संस्करण 2022

मूल्य : ₹ 375

सिटी प्रेस, दिल्ली-110 095 में मुद्रित

वाणी प्रकाशन का लोगो मक़बूल फ़िदा हुसेन की कूची से

अपनी बात

कैसे-कैसे फ़िल्मी गीत जो अमरत्व पा चुके हैं। कैसे कैसे फ़िल्म-संगीतकार जो उन गीतो को ममत्व प्रदान कर चुके हैं, कैसी-कैसी धुने जो हवा में पचासों साल के बाद भी तैर रही है, जब सोचा कि इनको फिर से देखा जाये, परखा जाये तो मेरे मन में ख़याल आया कि क्यों न इनको एक पुस्तक के रूप में तैयार कर के पाठकों के सम्मुख लाया जाये। जानता हूँ कि पुराने ज़माने के लोग तो निश्चित तौर पर इन गानों, धुनों और संगीतकारों को बख़ूबी जानते हैं और अपने आपको धन्य समझते हैं कि वे उस युग में पैदा हुए, जब ये गीत उस दौर में सारे हिन्दुस्तान (अविभाजित) में धूम मचा रहे थे। वो पुरानी पीढ़ी आज भी इन गीतों को सुनकर पुलकित हो जाती है।

नई पीढ़ी के लोग भी उन गानों में से बहुतेक गानों को सुनती और गुनगुनाती है। उत्सुकता जगाती है उन लोगों में जो जानना चाहते हैं कि वे कौन संगीतकार, गीतकार, गायक थे जिन्होंने संगीत गीतों का ख़ज़ाना बनाकर हमारे सामने रखा। और फ़िल्म संगीत सरिता को अविरल बहने में मदद की। इन संगीतकारों की जानकारी यत्र-तत्र मिल भी जाती है। मगर पुस्तक के रूप में ज़्यादातर उपलब्ध नहीं है। मैंनें सोचा क्यों न इन महान कालजयी संगीतकारों के जीवन की तथा कृतित्व की जानकारी एक पुस्तक के रूप में लोगों के ख़ासतौर पर आज की युवा पीढ़ी के सामने लायी जाये। मैंने इस बारे में प्रयास करना शुरु किया और अथक प्रयासों के बाद इस जानकारी को पुस्तक रूप में समेटा। भारतीय ख़ासतौर पर फ़िल्मी संगीत यूँ ही एक दिन में उच्च शिखर पर नहीं पहुँचा। कई संगीतकारों की मेहनत,

लगन और निष्ठा तपस्या की वजह से फिल्म संगीत अपनी ऊँचाइयों पर पहुँचा। ये बात और है कि आज के दौर में ख़ासतौर पर सत्तर के बाद फ़िल्म संगीत में गिरावट आनी शुरू हो गयी। मधुर संगीत में एक कमी-सी महसूस होने लगी। जैसे-जैसे कमी महसूस होती गयी, वैसे-वैसे पुराने संगीतकार और उनकी संगीत रचनाएँ उतनी ही व्याकुलता के साथ दिमाग में ताज़ा होती रही।

मैंने कोई सृजंन नहीं किया है बस यूँ समझो दर्पण पर जमी धूल को साफ़ किया है। इस प्रयास में मेरे परम मित्र वसंत धुपकर (पुणे) ने भी मुझे बहुत मद्द की। हो सकता है 'भूले बिसरे फ़िल्म संगीत सितारे' में कुछ कमी रह गयी हो, अगर ऐसा है तो पाठक मूझे क्षमा करेंगे, ऐसी आशा करता हुँ। कालखण्ड की गणना में कुछ त्रुटि होने की प्रबल सम्भावनाओं से इनकार नहीं किया जा सकता। अगर पाठक यथायोग्य सुझाव देते हैं तो पुस्तक के अगले संस्करण में इसकी विवेचना की जा सकती है। मैं वाणी प्रकाशन का आभारी हूँ कि मेरे इस प्रयास को प्रकाश की ओर लेजाने में मेरी सहायता की।

नई दिल्ली : 24-7-2021

रघुनन्दन शर्मा 'तुषार'

अनुक्रम

सरस्वती देवी

(1912-1980)

बॉम्बे टॉकीज़ की हिन्दी फ़िल्म 'अछूत कन्या' का वह गीत 'मैं बन की चिड़िया बन के बन-बन बोलूँ रे' शायद आपको याद होगा फ़िल्म 1936 में बनी थी। बनाया था हिमांशु रॉय ने और जिसकी मुख्य भूमिका में थे अशोक कुमार और देविका रानी जो बाद में हिमांशु रॉय की पत्नी बनीं। यह फ़िल्म उस ज़माने की अत्यन्त सफल फ़िल्म मानी जाती है जिसकी कहानी छुआछूत पर आधारित थी। फ़िल्म का निर्देशन किया था फ्रान्ज़ ऑस्टेन ने, गाने लिखे थे जे.एस. कश्यप ने। इन्होंने कई और फ़िल्मों में भी गाने लिखे जैसे 'इज़्ज़त' (1937), 'निर्मला' (1936), 'सावित्री' (1937), 'जीवन प्रभात' (1937) आदि। जे.एस. कश्यप की चर्चा कभी बाद में करेंगे। आप शायद जानते होंगे कि 'अछूत कन्या' का संगीत किसने दिया। फ़िल्म का संगीत उस ज़माने की शायद पहली महिला संगीतकार सरस्वती देवी ने दिया जिनका असली नाम ख़ुर्शीद मिनोचर होमजी था। चूँकि वे पारसी परिवार से थीं और फ़िल्गों में आना उस दौर में अच्छा नहीं माना जाता था इसलिए उनको अपनी पहचान छुपाने के लिये सरस्वती देवी नाम रखना पड़ा। उनका जन्म 1912 में लखनऊ में हुआ और देहान्त 1980 में मुम्बई में हुआ। वे 1930-40 के दौर की अत्यन्त सफल फ़िल्म संगीतकारा थीं। एक महिला का फ़िल्मी संगीत क्षेत्र में आना और वह भी पारम्परिक पारसी परिवार से, नामुमकिन क़दम था। मगर हिमांशु रॉय ने उनकी प्रतिभा को पहचाना और अपनी फ़िल्म 'अछूत कन्या' में अवसर प्रदान किया। जबकि उस ज़माने में पुरुष संगीतकारों का ही दबदबा होता था।

सरस्वती देवी ने हिन्दुस्तानी शास्त्रीय संगीत की शिक्षा छोटी-सी उम्र में ही लेना शुरू कर दिया था। उनके गुरु थे विष्णु नारायण भातखण्डे।

शुरुआती दौर में उन्होंने ऑल इण्डिया रेडियो, मुम्बई से गाना भी गाया। साथ ही अपनी छोटी बहन मानेक होमजी के साथ 'होमजी सिस्टर्स ऑर्केस्ट्रा' मे भी संगीत देना शुरू किया। एक संगीत समारोह, जो कि लखनऊ में हो रहा था, हिमान्शु रॉय ने वहाँ सरस्वती देवी को संगीत देते देखा और उन्हें मुम्बई बुला लिया। उस वक़्त आम तौर पर सिनेमा से जुड़े लोगों को हीन दृष्टि से देखा जाता था। तभी अपनी पहचान छुपाने के लिये सरस्वती देवी को खुर्शीद मिनोचर होमजी से सरस्वती देवी होना पड़ा और छोटी बहन को चन्द्रप्रभा बनना पड़ा। उनकी पहली फ़िल्म बॉम्बे टॉकीज की ही 'जवानी की हवा' जिसमें काम किया था देविका रानी और नज़मुल हसन ने। निर्माता थे हिमान्शु रॉय। उसमें से एक गाना 'क्या कहें तुमसे मियाँ इश्क़ में क्या होता है' बहुत प्रसिद्ध हुआ जिसको लिखा और गाया जमुना स्वरूप कश्यप ने (जे. एस. कश्यप) तथा संगीत दिया सरस्वती देवी ने।

सरस्वती देवी जैसा कि मैंने पहले बताया फ़िल्म 'अछूत कन्या' के संगीत से अचानक फ़िल्माकाश पर छा गयीं। ख़ास तौर पर 'मैं बन की चिड़िया' गाने से। इसी गाने ने अशोक कुमार को गायक बनाया क्योंकि उस ज़माने में प्लेबैक संगीत का चलन नहीं था और पर्दे पर ज़िसे देखाया जाता था उसे ही गाना पड़ता था। इस गाने को अशोक कुमार और देविका रानी ने गाया। बाद में सरस्वती देवी ने 'कंगन', 'जीवन नैया', 'फूल' आदि में भी संगीत दिया। अशोक कुमार की फ़िल्म 'जीवन नैया' में सरस्वती देवी ने (1936) जिन गानों को संगीत दिया उनमें से एक गाना 'कोई हमदम न रहा' के मुखड़े और धुन बाद में किशोर कुमार ने अपनी फ़िल्म 'झुमरू' में गाया। वैसे ही 'एक चतुर नार करके शृंगार' भी सरस्वती देवी ने अशोक कुमार से फ़िल्म 'झूला' (1941) में गवाया था। इसी गाने को किशोर कुमार और मन्ना डे ने फ़िल्म 'पड़ोसन' में आर.डी. बर्मन के संगीत निर्देशन में मुखड़े और कुछ शब्दों के साथ गाया। अब इन गानों की धुनों की मौलिकता को आप ही परखिए।

सरस्वती देवी ने अपने जीवनकाल में लगभग चौबीस फ़िल्मों का संगीत दिया। उनकी आख़िरी फ़िल्म 'बाबासा री लाड़ली' जो कि राजस्थानी भाषा में थी, सन् 1961 में आयी।

सन् 1943 में एक और सफल फ़िल्म 'पृथ्वी वल्लभ' आयी जो मिनर्वा मूवीटोन के बैनर तले सोहराब मोदी ने डायरेक्टर के तौर पर बनायी। इस फ़िल्म से ही दुर्गा खोटे को नायिका के रूप में पहचान मिली। इसका संगीत सरस्वती देवी तथा रफ़ीक़ गज़नवी ने मिल कर दिया था। इस फ़िल्म की कहानी कन्हैयालाल माणिकलाल मुंशी के उपन्यास 'पृथ्वी वल्लभ' पर आधारित थी। गाने पण्डित सुदर्शन ने लिखे थे। अमीरबाई, के.एन. सिंह व मीना शौरी सह कलाकार थे। उसका एक गाना 'मैंने राम रतन धन पायो' बड़ा मशहूर हुआ। सरस्वती देवी के बारे में बहुत कुछ लिखा जा सकता है।

1980 में बस से उतरते वक़्त वो गिर गयीं और उनके कूल्हे की हड्डी टूट गई और बाद में वे गुज़र गयीं। जैसा कि निष्ठुर फ़िल्म जगत् में अक्सर होता है; कोई भी इस दौरान उनके स्वास्थ्य के बारे में जानने नहीं गया। न ही उनके मरने पर किसी ने संवेदना जतायी या यूँ कहें संवेदना जताने लायक भी उनको नहीं माना गया।

इशरत सुलतान

(1906-1972)

इशरत सुलतान 1930-1940 की सबसे चर्चित महिलाओं-देविका रानी, शान्ता आप्टे, दुर्गा खोटे, लीला देसाई, नसीम बानो-के समकक्ष मानी जाती थीं। उनका जन्म 1906 में दिल्ली में हुआ। लोग वैसे तो भारत की पहली महिला संगीतकार के रूप में जद्दनबाई का नाम लेते हैं मगर असल में इशरत सुलतान पहली संगीतकारा थीं। ये और बात है कि उन्होंने फ़िल्मों में संगीत दिया मगर दुर्भाग्य से उनका कोई ग्रामोफ़ोन रेकॉर्ड उपलब्ध नहीं है। पहली बार वो 'रंगीला राजपूत' (1933) में आयीं। उसी साल उनकी दूसरी फ़िल्म 'मायाजाल' आयी। इशरत सुलतान बिब्बो के नाम से भी जानी जाती थीं। निसार, कुमार, सुरेन्द्र के साथ उनकी अच्छी जोड़ी थी।

अदाकारा के साथ-साथ वे अच्छी संगीत निर्देशिका भी थीं। उन्होंने 'आदल-ए-जहाँगीर' (1934) और 'कज़्ज़ाक की लड़की' (1937) में संगीत दिया। किन्तु इन फ़िल्मों के ग्रामोफ़ोन नहीं होने से इनके गाने नहीं मिल पा रहे हैं। वैसे भी ये दोनों फ़िल्में इतनी लोकप्रिय भी नहीं हुई थीं।

इशरत सुलतान 1906 में हफ़ीज़न बाई जो कि मशहूर गायिका थीं से इशरताबाद चावड़ी बाज़ार, दिल्ली में पैदा हुई। भारत विभाजन के बाद वे पाकिस्तान चली गयीं और वहाँ पर सन् 1950 से 1966 तक सक्रिय रहीं। वहाँ 1952 में 'दुपट्टा' फ़िल्म में काम किया जो कि बहुत प्रसिद्ध पाकिस्तानी फ़िल्म रही। उनको चरित्र अभिनेत्री के तौर पर निगार अवार्ड मिला था।

आख़िरी दिनों में वे अकेली थीं और निराशाजनक जीवन व्यतीत करते हुए लगभग भुखमरी में 25 मई, 1972 में कराची, पाकिस्तान में तपेदिक से गुज़र गयीं।

रायचन्द बोराल

(1903-1981)

25 नवम्बर, 1981 को बॉलीवुड फ़िल्मों के भीष्म पितामह रायचन्द बोराल का 78 साल की उम्र में कलकत्ता में निधन हो गयाः सन् 1978 में उन्हें दादासाहेब फाल्के तथा उसी साल का संगीत नाटक अकादमी पुरस्कार प्राप्त हुआ। उनके पिता लालचन्द बोराल ध्रुपद के विशेषज्ञ थे। रायचन्द बोराल, उनके तीन पुत्रों में सबसे छोटे थे। उनका जन्म भागलपुर, उस वक़्त की बंगाल प्रेसीडेंसी में 19 अक्तूबर, 1903 को हुआ था। रायचंद बोराल हिन्दी फ़िल्म संगीत के भीष्म पितामह थे– जैसा कि प्रसिद्ध संगीतकार अनिल बिस्वास ने कहा था। आर.सी. बोराल और पंकज मलिक कलकत्ता के न्यू थियेटर्स के संगीत विभाग के प्रमुख थे। संगीत की जो परम्परा इन्होंने बनायी वो फ़िल्मों में कई वर्षों तक जारी रही। रायचंद बोराल ने ही के.एल. सयगल के करियर को दिशा दी।

1927 में आर.सी. बोराल 'इंडिया ब्रॉडकॉस्टिंग कम्पनी' से जुड़े। 1931 में वे कलकत्ता के न्यू थियेटर्स से जुड़े तब बोलती फ़िल्मों का ज़माना नहीं था। वे फ़िल्मों के साथ-साथ स्टेज पर संगीत दिया करते थे। इन्होंने ही ग़ज़ल को बंगाली धुन में सजाया जिसका संगीत तन्तु वाद्य से दिया जाता था।

'धूप-छाँव' (1935) में पहली बार प्लेबैक संगीत दिया, गाना था 'मैं खुश होना चाहूँ' जो पारुल घोष ने (अनिल बिस्वास की बहन), बाँसुरीवादक पन्नालाल घोष की पत्नी व सखियों के संग गाया।

आर.सी. बोराल 1953 में मुम्बई आये उनकी पहली फ़िल्म थी 'दर्दे-दिल जिसमें लता मंगेशकर ने भी गाना गाया।

रायचंद बोराल की प्रसिद्ध फ़िल्में थी 'पुरण भगत' (1933) 'चंडीदास' (1934) 'धुप छाँव' (1935) 'मंज़िल' (1936) 'अनाथ आश्रम, विधापति, प्रसिडेन्ट' (1937) 'अभागन, जवानी की रीत, सपेरा, स्ट्रीट सिंगर' (1938) 'हार जीत, लगन' (1941) 'सोगंध, वापस, वसियत नामा, हमराही' (1945) 'दर्द-ए-दिल' (1953)।

रायचंद बोराल ने करीबन एक सौ पचास हिन्दी, बंगाली फ़िल्मों को संगीत दिया। फ़िल्म विधयापति का गाना 'डोले ह्रदय की नैया' जो कानन बाला ने गाया था, उस दौर में अत्यंत सफल गीतो में से एक था। पूरण भगत का गाना 'जावो जावो ऐ मेरे साधु रहो गुरू के संग' जो के. सी. डे (मन्नाडे के चाचा) गाया है, रायचंद बोराल की श्रेष्ठ रचना में से एक है। कुंदन लाल सयगल को ऊँचाई पर लाने में रायचंद बोराल की धुनो का बहुत बड़ा हाथ है।

इस संगीत के पितामह को 26वाँ दादा साहेब फालके पुरस्कार 1978 में प्राप्त हुआ, जो कि वह बहुत पहले मिल जाना चाहिए था।

इक़बाल कुरैशी

(1930-1998)

'एक चमेली के मंडवे तले दो बदन प्यार की आग में जल गये' ये गाना आज तक लोगों की जुबाँ पर चढ़ा हुआ है। फ़िल्म थी 'चा चा चा' (1964) जिसको बनाया था उस वक़्त के एक्टर-डायरैक्टर चन्द्रशेखर ने। लिखा था शायर मख़्दूम मोहिउद्दीन ने। गाया था मोहम्मद रफ़ी और आशा भोंसले ने और संगीत दिया था इक़बाल कुरैशी ने। इस गाने को धुन के आधार पर नहीं लिखा गया था। गीत पहले लिखा गया था और धुन बाद में बनी।

उन्होंने अपने फ़िल्मी करियर में कई फ़िल्मों में संगीत दिया जैसे कि 'बनारसी ठग' (1962), 'ये दिल किसको दूँ (1963), 'बिन्दिया' (1960), 'लव इन शिमला' (1962) आदी। 'लव इन शिमला' प्रख्यात अभिनेत्री साधना की पहली फ़िल्म थी जिसका संगीत काफ़ी मशहूर हुआ था। 'चा चा चा' का एक गाना नीरज का लिखा 'वो तुम न थे वो हम न थे वो रहगुज़र थी प्यार की' रफ़ी द्वारा गाया गया था आज तक लोगों को याद है। इसी तरह फ़िल्म 'बिन्दिया' के गीत जो ए.वी.एम. प्रोडक्शन की फ़िल्म थी, काफ़ी मशहूर हुए। उसका एक गाना 'मैं अपने आप से घबरा गया हूँ मुझे ऐ ज़िन्दगी दीवाना कर दे' लिखा था राजेन्द्र कृष्ण ने और फ़िल्माया गया था बलराज साहनी पर, आज तक लोग भूले नहीं हैं।

इसी तरह इक़बाल कुरैशी ने विदेशी धुन पर भी गानों को संगीत दिया। फ़िल्म 'लव इन शिमला' का गाना 'गाल गुलाबी किसके हैं लम्बी बाँहें किसकी हैं' भी अपने ज़माने में बहुत मशहूर हुआ था जिसे रफ़ी ने

गाया था तथा लिखा था राजेन्द्र कृष्ण ने। इस फ़िल्म के निर्माता थे शशधर मुखर्जी और निर्देशक आर.के. नय्यर जिन्होंने बाद में साधना से शादी की। इस फ़िल्म के हीरो थे जॉय मुखर्जी जो शशधर मुखर्जी के पुत्र थे यह उनकी भी पहली फ़िल्म थी। इक़बाल कुरैशी का संगीत भी इस फ़िल्म की सफलता की एक बहुत बड़ी वजह था।

इक़बाल कुरैशी का जन्म औरंगाबाद (महाराष्ट्र) में 12 मई, 1930 में हुआ। उन्होंने बाल कलाकार के तौर पर औरंगाबाद रेडियो पर भी गाया। वही उनकी पहचान या यूँ कहें दोस्ती चन्द्रशेखर और मख़दूम मोहिउद्दीन से हुई जिनके साथ उन्होंने 'चा चा चा' फ़िल्म का संगीत दिया जैसा कि ऊपर कहा गया है। इनकी पहली फ़िल्म 'पंचायत' (1958) थी मनोज कुमार की भी ये पहली फ़िल्म थीं। इनकी अन्य फ़िल्में थीं 'बनारसी ठग' (1962), 'उम्रक़ैद' (1961), 'ये दिल किसको दूँ' (1963)। इन्होंने लगभग 21 फ़िल्मों में संगीत दिया जिनके गीत भी बहुत अच्छी थे और संगीत भी लाजवाब था। 'पंचायत' का एक गाना 'ता थय्या करते आना मेरे जादूगर सईयाँ जिसे लता मंगेशकर तथा गीता दत्त ने गाया था। तथा शकील नुमानी ने लिखा था। ये गीत संगीत अत्यन्त लोकप्रिय हुआ और आज भी है। ये गाना श्यामा तथा जीबन पर फ़िल्माया गया था। शायद इक़बाल कुरैशी लम्बाई के लिहाज से फ़िल्मों में सबसे लम्बे व्यक्ति थे। इनकी लम्बाई लगभग 6 फुट तीन इंच थी।

वे कहा करते थे– मैं किसी के पास काम माँगने नहीं गया। अगर कोई आता है तो मैं उसे निराश नहीं करूँगा। उन्होंने इक्कीस फ़िल्मों में संगीत दिया और दो फ़िल्में ऐसी थीं जो प्रदर्शित न हो सकीं।

उन्होंने लगभग सभी गायकों से गाना गवाया। इस तरह एक अत्यन्त प्रतिभाशाली व्यक्ति जिन्होंने नये-नये गायकों को भी फ़िल्मों में मौक़ा दिया, का देहान्त 21 मार्च, 1998 में मुम्बई में हो गया।

पंकज मलिक

(1905-1978)

रवीन्द्र संगीत के ज्ञाता, बंगाली एवं हिन्दी फ़िल्मों के संगीतकार तथा गायक पंकज मलिक का जन्म 10 मई, 1905 में कलकत्ता में हुआ। वे एक अच्छे अभिनेता भी थे। 1970 में उनको पद्मश्री तथा 1972 में चौथे दादासाहेब फाल्के पुरस्कार से सम्मानित किया गया। पिता का नाम मोनोमोहन मलिक तथा माँ का नाम मोनोमोहिनी था। पिता पारम्परिक बंगला संगीत में रुचि रखते थे। दुर्गादास बन्धोदोपाध्याय से इन्होंने शास्त्रीय संगीत की प्रारम्भिक ली। अपनी पढ़ाई स्कॉटिश चर्च कॉलेज, कलकत्ता में की। इनके जीवन का टर्निंग प्वाइंट तब आया जब इनका सम्पर्क रवीन्द्रनाथ के पोते दिनेन्द्रनाथ ठाकुर से हुआ, जिन्होंने इनमें रवीन्द्र संगीत की रुचि पैदा की। कुछ साल पश्चात पंकज मलिक की गणना रवीन्द्र संगीत तथा रवीन्द्रनाथ के गीतों के संगीत प्रदाता के रूप में हुई।

अठारह वर्ष की उम्र में रवीन्द्रनाथ ठाकुर की रचना 'नेमेचे आज प्रथम बादल' को संगीत देकर 1926 में कलकत्ता की वीडियो फोन कम्पनी इस गीत से ये जाना-पहचाना नाम हो गये।

1927 में आर.सी. बोराल के साथ वे ऑल इण्डिया रेडियो से जुड़े जहाँ उन्होंने लगभग पचास वर्ष संगीतकार तथा कलाकार के रूप में सेवा दी।

इन्होंने लगभग 38 साल तक बंगला, हिन्दी, उर्दू, तमिल फ़िल्मों को संगीत दिया यह संगीत यात्रा सन् 1931 से शुरू हुई थी। इन्होंने के.एल. सयगल, एस.डी. बर्मन, हेमन्त मुखर्जी (हेमन्त कुमार), गीता रॉय (गीता दत्त) तथा आशा भोंसले के साथ भी काम किया।

के.एल. सयगल, पी.सी. बरुआ, कानन देवी के साथ अभिनय में भी उतरे। उनके भाई मुकुल रॉय मलिक जो कि रेकॉर्डिस्ट थे, फ़िल्मों में प्लेबैक संगीत को लाये। पंकज मलिक न्यू थियेटर्स से लगभग 25 वर्ष तक जुड़े रहे। उन्होंने लगभग 35 फ़िल्मों में संगीत दिया। 1936 में आयी फ़िल्म 'करोड़पति' को इन्होंने रायचन्द्र बोराल के साथ मिल कर संगीत दिया।

जो हिन्दी गाने पंकज मलिक और आर.सी. बोराल ने कंपोज़ किये वे आज तक भी सुने जाते हैं वे हैं–'प्रेम का इस जग में पन्थ निराला' प्रेसीडेंट, (1937) यह के.एल. सयगल ने गाया और इन्हीं पर फ़िल्माया गाया। पिया मिलन को जाना ('कपाल कुंडला', 1939), सो जा राजकुमारी ('ज़िन्दगी', 1940) के.एल. सयगल ने ही गाया। के.एल. सयगल ने ही आयी बहार (डॉक्टर, 1942) में गाया। के.एल. सयगल ने 'अै कातिबे तक़दरि' ('मेरी बहन', 1944) गाया। ये गाने आज के समय में यदा-कदा ही सुनने को मिलते हैं तो मन यकायक ठहर जाता है कि इतने सालों बाद भी इन गानों में कितनी कशिश है। इन गानों में साज़ों का शोर नहीं। ये सब के सब गाने केवल अमर नहीं बल्कि इन्होंने सयगल को भी अमर बना दिया। केवल और केवल गले का कमाल हमें सुनायी देता है।

ऐसे प्रतिभाशाली संगीतकार का निधन 19 फ़रवरी, 1978 को कलकत्ता (आज के कोलकाता) में हुआ।

रफ़िक़ गज़नवी

(1909-1974)

आपको शायद तकदीर (1943) का ये गाना याद होगा बाबू दरोगा जी... जिसके लिखा था अंजुम पीलीभीती ने, गाया शमशाद बेगम ने, संगीत दिया रफ़िक़ गज़नवी ने। यह मेहबूब प्रोडक्शन की फ़िल्म थी नर्गिस की हीरोइन के तौर पर उनकी पहली फ़िल्म थी, हीरो थे मोतीलाल। मेहरुल कादरी का गाना 'मेरे मन की दुनिया बर्बाद' गाया था शमशाद बेगम ने। दोनों गाने नर्गिस पर फ़िल्माये गये थे। ये दोनों गाने उस वक़्त बहुत मशहूर हुए थे वैसे ही 'ज़ालिम ज़माने क़ाफ़िर ज़माने' जो कि मेहरुल कादरी ने लिखा और गाया व फ़िल्माया गया मोतीलाल पर, वो गाना भी बहुत प्रसिद्ध हुआ। इस फ़िल्म का संगीत रफ़िक़ गज़नवी ने दिया था। गाने के लिये पहली बार शमशाद बेगम को लाहौर से बुलाया गया था। इस फ़िल्म में पहली बार जो सिग्नेचर वॉयस ली गयी जो कि बाद में महबूब प्रॉडक्शन की पहचान बन गयी जो 'मुद्दई लाख बुरा चाहे क्या होता है वही होता है जो मंज़ूरे-ख़ुदा होता है। यह आवाज भी रफ़िक़ गज़नवी की है। महबूब की हर फ़िल्म इसी आवाज़ से शुरू होती थी। तकदीर में कुल दस गाने थे।

1943 में गज़नवी की एक ओर फ़िल्म आयी नाम था 'नज़मा' हिरोइन थी वीना और हीरो थे अशोक कुमार। 'तरसी हुई हैं मुद्दत से आँखें नज़रों की दुनिया आबाद करके' गाना लिखा था अंजुम पीलीभीती ने, गाना गाया था अशोक कुमार ने और फ़िल्माया भी उन्हीं पर गया था। इसका संगीत भी रफ़िक़ गज़नवी ने दिया था। ऐसा ही एक गाना 'साजन के नैना

जादू बाण हाय मैं वारी जाऊँ' गाया था मुमताज तथा अमीरबाई कर्नाटकी ने आज तक लोग भूले नहीं हैं। 'जल जा पतंगे जलते-जलते जल जा' गाया और फ़िल्माया अशोक कुमार और वीना पर साथ में सितारा ने भी गाया। इसे भी अंजुम पीलीभीती ने लिखा। ये फ़िल्म और इसके गाने उस ज़माने में बहुत प्रसिद्ध हुए। अशोक कुमार गायक के रूप में भी तब तक मशहूर हो चुके थे। हीरो के रूप में तो वे जाने-पहचाने थे ही।

रफ़िक़ गज़नवी का कार्यकाल 1930 से 1947 तक रहा। ए.आर. कारदार की फ़िल्म 'हीर राँझा' में उन्होंने हीरो का रोल भी किया है। 'पवित्र गंगा' (1932), 'रोशनआरा', 'सितारा' (1939), 'पृथ्वीराज संयोगिता', 'नचवली' निर्देशक थे रमणीक देसाई, संगीतकारा थी जद्दनबाई हीरो थे याकूब तथा रफ़िक़ गज़नवी। 'समाज की भूल', 'काला नाग', 'पिया प्यारे', 'जवानी दीवानी', 'प्रेम पुजारी' के निर्देशक स्वयं रफ़िक़ गज़नवी थे। अपनी नगरिया, चलती दुनिया में हीरो रफ़िक़ गज़नवी थे। 'बहुरानी', 'स्वामी', 'कलजुग', 'पृथ्वी वल्लभ' आदि फ़िल्मों में रफ़िक़ गज़नवी के साथ सरस्वती देवी न संगीते दिया। 'पृथ्वी वल्लभ' के निर्देशक थे सोहराब मोदी। रफ़ीक़ गज़नवी एक सफल अभिनेता, गायक और संगीत निर्देशक थे। उनका असली नाम मोहम्मद रफ़ीक था। कई भाषाओं का उनको ज्ञान था। मगर पंजाबी भाषा को प्रधानता देते थे। आशिक़ अली तथा आसिफ़ अली, आलिफ़ अली और अल्लाह वक्ष से इन्होंने शास्त्रीय संगीत, जो कि पटियाला घराना थे, सीखा।

रफ़िक गज़नबी का जन्म 1907 में पाकिस्तान में हुआ था तथा मृत्यु 2 मार्च 1974 को कराची पाकिस्तान में हुई। भारत में उन्होंने जिन फ़िल्मों को संगित दिया उन में कुछ हैं 'किसकी बीवी' (1942) 'कलजुग' (1942) 'तक़दीर' (1943) 'पृथ्वी वल्लभ' (1943) 'नौकर' (1943) 'नज़मा' (1943) 'दुहाई' (1943) 'लैला मजनू' (1945) 'एक दिन का सुलतान' (1945) 'शाम सवेरा' (1946) 'तुफ़ान', 'मझधार' (1947)

पाकिस्तान बनने के बाद रफ़िक गज़नबी ने वहाँ 'परवेज', 'मण्डी' फ़िल्मों को संगीत दिया। उसके बाद वे रेडियो पाकिस्तान से जुड़ गये।

के. दत्ता
(दत्ता कोरगाँवकर, दत्तोपंत कोरेगाँवकर)

(1901-1978)

गिरगाँव मुम्बई में (1901) जन्मे के. दत्ता की माँ भजन गाया करती थीं। उन्हीं का प्रभाव था कि उनको संगीत में दिलचस्पी होने लगी और स्टेज शो आदि करने लगे। के. दत्ता को पहला ब्रेक मास्टर विनायक (विनायक दामोदर कर्नाटकी) जो कि प्रसिद्ध अभिनेत्री नन्दा के पिता थे, ने फ़िल्म 'मेरा हक़' में दिया। यहाँ से वे चल निकले और फिर उन्होंने सत्रह फ़िल्मों को संगीत दिया जिनमें 'अलख निरंजन', 'गीता', 'याद', 'ज़मीन' 'बदमाश', 'महारथी कर्ण', 'बड़ी माँ', 'यतीम', 'शाहकार', 'रंग महल', 'मेरी कहानी', 'दामन', 'रिश्ता', 'हरिहर भक्ति' आदि हैं। बाद में चार या पाँच मराठी फ़िल्मों में संगीत देके वे फ़िल्म संगीत को अलविदा कह गये। और आख़िर में 23 दिसम्बर 1978 को अत्यन्त ग़रीबी में जे. जें. हॉस्पिटल, मुम्बई में हार्ट अटैक से उनकी मृत्यु हो गयी।

'दामन' (1951) का एक गाना 'हो ओ ओ याद आने लगी दिल दुखाने लगी' जो मुहम्मद रफ़ी तथा लता मंगेशकर ने गाया था, प्रसिद्ध हुआ। इसी फ़िल्म का गाना 'ये रुकी रुकी हवा में बुझे बुझे सितारे' जो लता मंगेशकर और आशा भोंसले ने गाया था उनका कर्णप्रिय गाना था जो राजा मेहदी अली ख़ाँ ने लिखा था। 'बड़ी माँ (1945) का गाना 'आ इन्तज़ार है तेरा दिल बेक़रार है मेरा' को नूरजहाँ ने गाया। इस फ़िल्म में काम किया था ईश्वर लाल, याकूब, सितारा देवी, मीनाक्षी, नूरजहाँ, लीला

मिश्रा आदि ने। ये फ़िल्म ज़ीया सरहदी ने बनाई थी। इसी फ़िल्म का और गाना 'दिया जलाकर आग बुझाय', गाया था नूरजहाँ ने। इस फ़िल्म को डायरेक्ट किया था मास्टर विनायक ने। ये गाना भी उस ज़माने में अत्यन्त लोकप्रिय हुआ था। 'दामन' का एक और गाना 'चकोरी का चाँद से प्यार' जो लता मंगेशकर ने गाया था, बहुत ही चुलबुला गाना था जो दर्शाता है के. दत्ता की प्रतिभा कितनी थी। फ़िल्म 'रंग महल' (1948) का गाना 'रूठो ना तुम बहार में मौसमे खुशगवार में' जो रफ़ी तथा सुरैया ने गाया था, आज भी सुनते हैं तो मन को मोह लेता है। ये गाना भी के. दत्ता का मास्टरपीस है, जहाँ तक संगीत और माधुर्य का सवाल है। इस गाने को लिखा था गीतकार शिवकुमार सरोज ने। फ़िल्म के हीरो थे सुरेश और हीरोइन थीं सुरैया। अन्य कलाकार थे ललिता पवार और अनन्त मराठे। 'मेरी कहानी' (1948) का गाना 'वादा कर के किसी से दिल न लगाना' में है। 'चुपके-चुपके' जो गीता दत्त और सुरेन्द्रनाथ ने गाया था, आज भी लोग याद करते और गुनगुनाते हैं यह बड़ा ही सुन्दर गीत है। 'दामन' फ़िल्म का एक और गाना 'अश्क़ों से लिखी तक़दीर मेरी' जो लता मंगेशकर ने गाया है, का संगीत और शब्द दोनों कमाल के हैं। फ़िल्म 'रिश्ता' (1954) का गाना 'क्या ख़बर थी यूँ तमन्ना ख़ाक में मिल जायेगी' को लिखा था पंडित फ़ानी ने, जिसको मुबारक बेगम ने समूह में पश्चिमी वाध्यो के साथ गाया था, जो उस दौर के गानों में अत्यन्त लोकप्रिय गीतों में से एक था। 'रिश्ता' (1954) का एक और गाना 'साजन से पहली बार हम कैसे बोले हैं हाय' जो लता मंगेशकर ने गाया जो कि पंडित फानी ने लिखा था, भी बड़ा मधुर गाना है जो एकान्त में सुनने लायक है।

उन्होंने नूरजहाँ के लिए ग्यारह गाने कम्पोज किये 'नादान' (1943) 'बड़ी माँ' (1945) फ़िल्म के। नूरजहाँ पहली गायिका थीं जो एक महाराष्ट्रीयन संगीतकार के लिये टॉप पर थी। अगर नूरजहाँ पाकिस्तान न जातीं तो न जाने और कितने ही अच्छे-अच्छे गाने वो के. दत्ता के संगीत निर्देशन में गातीं। के. दत्ता ने ठीक ही कहा था कि वो पाकिस्तान क्या गयीं मेरी सारी की सारी क्रिएटिविटी अपने साथ लेकर

चली गयीं। के. दत्ता के संगीत से मेहबूब भी बड़े प्रभावित थे और खुश होकर ओ.पी. नैय्यर ने तो अपना हारमोनियम तक के. दत्ता को भेंट में दे दिया था। 'अजनबी' (1966) उनकी आख़िरी फ़िल्म थी इस के गाने हसरत जयपुरी तथा वारकेश ने लिखे थे। उसके बाद वे खुद अजनबी हो गये। भजन गायन व ज्योतिषी का काम करके अपनी जीविका चलाने लगे।

लच्छीराम तोमर उर्फ़ लच्छीराम तामर

(1901-1978)

लच्छीराम तोमर का जन्म हिमाचल प्रदेश के सोलन ज़िले के गाँव कुठर में हुआ। अपने 1945 से 1964 के कार्यकाल में लगभग 18-19 फ़िल्मों को संगीत दिया। कुछ रचनाए तो इतनी प्रसिद्ध हुईं कि आज भी लोग गुनगुनाते हैं। इनके पिता का देहान्त इनकी छोटी उम्र में हो गया वे राणा जगजीत चन्द्र के दरबार में थे। पिता की मृत्यु के बाद इनका लालन-पालन संगीतप्रेमी राणा जगजीत चन्द्र ने ही किया। उनके आरम्भिक संगीत शिक्षक भी वही थे। बाद में उन्होंने दरबार के उस्ताद नूर खाँ से शिक्षा ली। 20-21 साल की उम्र में वे दिल्ली आये और एच.एम.वी. के लिये कुछ गाने गाये। अज़ीज़ कश्मीरी शौरी पिक्चर्स के लिये नये संगीत निर्देशक की खोज में दिल्ली आये हुए थे। उन्होंने लच्छीराम तामर को फिल्म 'चंपा' (1945) के लिए साइन किया। फिर 1964 तक वे फ़िल्मों में सक्रिय रहे। 'मैं सुहागन हूँ' उनकी आख़िरी फ़िल्म थी। इस आख़िरी फ़िल्म के गाने तो इतने प्रसिद्ध हुए कि वे गाने आज तक लोग गुनगुनाते हैं।

'चंपा' (1945), 'बदनामी' (1946) और 'शालीमार' (1946) में से उन्होंने पहली दो फ़िल्मों श्याम अनुपम घटक के साथ और तीसरी यानी के 'शालीमार' में अनुपम घटक और पं. अमरनाथ के साथ संगीत दिया। 'आरती' (1947) में शाम सुन्दर के साथ 'मोहिनी' (1947) में आर.सी. भाईलाल के साथ 'हज़ार परियाँ' (1959)। के. सत्यनारायण राव के साथ संगीत दिया जबकि बाकी फ़िल्मों डायरेक्टर (1947) 'बिरहन', (1948)

गुरु दक्षिणा (1950), 'मधुबाला' (1951), महारानी झाँसी (1952), 'अमीर' (1954), 'शहीदे-आज़म—भगत सिंह' (1954), 'दो शहज़ादे' (1956), 'गुरुघंटाल' (1956), 'रज़िया सुल्तान' (1961), 'मैं सुहागन हूँ' (1964) में उन्होंने संगीत दिया। ये बात और है कि रंजीत मूवीटोन की देव आनन्द-मधुबाला स्टारर फ़िल्म 'मधुबाला' (1950) भी कुछ ख़ास न कर सकी लेकिन उनकी आख़िरी फ़िल्म 'मैं सुहागन हूँ' के गानों ने धूम मचा दी। उनके गाने 'ढलती जाये रात' जो रफ़ी और आशा भोंसले ने 'रज़िया सुल्तान' (1961) में गाया आज भी लोग गुनगनाते हैं। ख़ास तौर से 'सब जवाँ सब हँसी, कोई तुमसा नहीं' गाया था मुहम्मद रफ़ी ने लिखा था कैफ़ी आज़मी ने फ़िल्म में कलाकार थे माला सिन्हा और अजीत। दूसरा गाना 'तू शोख कली मैं मस्त पवन' आशा भोसले तथा मोहम्मद रफ़ी द्वारा गाया गया और अजीत तथा माला सिन्हा पर फ़िल्माया गया। क्लासिकल टच वाला गाना 'गोरी तोरे नैनवा कजरा बिन कारे-कारे' गाना आशा भोंसले तथा मोहम्मद रफ़ी ने गया था, सुनने के लिये आज भी कान तरस जाते हैं।

'मैं सुहागन हूँ' का एक और गाना 'ऐ दिल मचल-मचल के यूँ क्या रोता है' जो बुताशय शर्मा 'अश्क' ने लिखा है और लता मंगेशकर ने गाया है अब तक ताज़ा है। धुन, गायकी तथा माला सिन्हा की अदाकारी का क्या कहना।

पी. जयराज और निरूपा रॉय अभिनीत फ़िल्म 'रज़िया सुल्तान' (1961) 'जाओ जी जाओ बड़ी शान के दिखाने वाले' गाने को आशा भोंसले, सुधा मल्होत्रा, महेश कुमार तथा बलबीर ने गाया और असद भोपाली ने लिखा जो कि एक क़व्वाली है अब भी लोग गुनगुनाते हैं और सुनते हैं। कैफ़ी आज़मी का लिखा 'मैं सुहागन हूँ' का गाना 'तू शोख कली है मैं मस्त पवन', जो रफ़ी और आशा भोंसले ने गाया था आज भी एक यादगार गीत है। 'मैं सुहागन हूँ' के लगभग सारे गीत लोकप्रिय हुए थे। इन्होंने लगभग 20 फ़िल्मों में संगीत दिया।

इनकी फिल्म 'गुरु दक्षिणा' (1950) के गाने ईरा निगम ने ही गाये हैं। 'इस सीने में दिल तड़पकर' और 'किसी के दर्द को सीने में छुपा के हम चले' भी बहुत अच्छे गीतों में से हैं।

'मैं सुहागन हूँ' के गाने इतने लोकप्रिय थे कि लच्छीराम तामर के पास फ़िल्मों की लाइन लग जानी चाहिए थी मगर ऐसा हो नहीं सका और उनकी अन्तिम फ़िल्म साबित हुई और 1978 में ऐसे महान संगीतकार का देहान्त हो गया।

'रजिया सुल्तान' (1961) का एक गाना जो मो. रफ़ी तथा आशा भोंसले ने गाया 'ढलती जाये रात कह दे दिल की बात' की मिठास तथा ताज़गी में अब तक कोई फ़र्क़ नहीं आया है। ये गाना निरूपा रॉय तथा जयराज पर फ़िल्माया गया था। ऐसा ही एक गाना 'जाओ जी जाओ बड़ी शान के दिखाने बाले', जो असद भोपाली ने लिखा और आशा भोसले, सुधा मन्होत्रा, महेन्द्र कपूर तथा बलबीर ने गाया जोकि कव्वाली के रूप में हैं आज भी ताज़गी से भरा है।

स्नेहल भाटकर

(1919-2007)

आपने फ़िल्म 'छबीली' (1960) के 'ऐ मेरे हमसफ़र रोक अपनी नज़र' तथा 'लहरों पे लहर उल्फ़त है जवाँ' गीतकार रास रतन लिखे गाने आपने सुने होंगे। पहला गाना स्वयं नूतन ने गाया है व दूसरा गाना हेमन्त कुमार व नूतन ने गाया है। इस फ़िल्म को डायरेक्ट किया था शोभना समर्थ (नूतन की माँ) ने तथा अभिनय किया था नूतन तथा उनकी बहन तनूजा ने। ये दोनों गाने आज तक गुनगुनाये जाते हैं। आपको जानकर आश्चर्य होगा कि 'ऐ मेरे हमसफ़र' स्वयं नूतन ने एक प्रोफ़ेशनल गायिका के रूप में गाया है और दूसरा गाना नूतन ने हेमन्त कुमार के साथ गाया है। आप शायद न जानते हों कि इन गानों की धुन किसने बनायी है। उस संगीतकार का नाम था स्नेहल भाटकर (वासुदेव गंगाराम भाटकर)।

स्नेहल भाटकर का जन्म 17 जुलाई 1919 को मुम्बई में हुआ। उन्होंने हिन्दी तथा मराठी फ़िल्मों को संगीत दिया। इनके पिता का जब देहान्त हुआ तब वो 16 महीने के थे। माँ सखूबाई अध्यापिका थीं। तथा गायिका भी थीं। शुरुआती संगीत शिक्षा इन्होंने अपनी माँ से ही ली।

इनका एच.एम.वी. से अनुबन्ध होते हुए वे किसी और के लिये संगीत नहीं दे सकते थे अतः उन्होंने वी. वासुदेव स्नेहल के नाम से भी संगीत दिया, मगर अन्ततः स्नेहल भाटकर नाम चुना जो आख़िर तक रहा।

'नील कमल' फ़िल्म से इन्होंने अपनी फ़िल्मों में संगीत देने की शुरुआत की जो राज कपूर की हीरो के तौर पर पहली फ़िल्म थी जिसमें मधुबाला हीरोइन थी और केदार शर्मा ने इसे बनाया था, गाने भी केदार शर्मा ने लिखे थे। मधुबाला की भी हीरोइन के तौर पर यह पहली फ़िल्म थी। उस वक़्त उनकी उम्र 14-15 साल ही थी। स्नेहल भाटकर ने इस फिल्म का संगीत वी. वासुदेव के नाम से दिया था। इनका गाना है 'आँखें जो धोखा खाइये है' गाया है मुकेश और साथियों ने।

इससे पहले इन्होंने सुधीर फड़के के साथ 'रुक्मिणी स्वयंवर' (1941) में संगीत दिया था। 'हमारी बेटी' (1950) जिसमें नूतन ने पहली बार अभिनय किया था स्नेहल भाटकर ने ही संगीत दिया था।

'हमारी याद आयेगी' (1961) का गाना 'कभी तन्हाइयों में' जो मुबारक बेगम ने गाया अत्यन्त लोकप्रिय हुआ था और यूँ समझिए स्नेहल भाटकर का संगीत शिखर पर था। गाना केदार शर्मा ने लिखा था और फ़िल्माया गया था तनूजा और अशोक शर्मा पर (अशोक शर्मा केदार शर्मा के पुत्र हैं)। 27 हिन्दी और 12 मराठी फ़िल्मों में इन्होंने संगीत दिया। 1947 में पहली फ़िल्म आयी 'नील कमल' और 1981 में आयी आख़िरी 'पहला क़दम', 'हमारी याद आयेगी' (1961) इसके गाने भी केदार शर्मा ने लिखे। डायरेक्टर और निर्माता भी केदार शर्मा थे। तनूजा की भी हीरोइन के रूप में पहली फ़िल्म थी।

ऐसे गुणी, प्रतिभावान, सीधे-सादे इन्सान जिनको महाराष्ट्र सरकार द्वारा नामित लता मंगेशकर पुरस्कार प्राप्त हुआ, का 29 मई, 2007 में मुम्बई निधन में हो गया।

मास्टर गुलाम हैदर

(1908-1953)

हमने मुहब्बत में ठोकर खायी है
ये निगोड़ी मुहब्बत कहाँ से आयी है।

मास्टर गुलाम हैदर ने फ़िल्म संगीतकारों का रुतबा बढ़ाया। साथी ही फ़िल्मी गीतों का सम्बम्ध रागों से जोड़ा। उन्होंने पंजाबी संगीत में रिदम को जोड़ा और भारत रत्न लता मंगेशकर को फ़िल्मी दुनिया से अच्छी तरह से परिचित कराया। लता जी ने भी माना है कि सही रूप में वे उनके गॉडफादर थे जिनको लता मंगेशकर की प्रतिभा पर पूरा विश्वास था। जो लता जी को लेकर कई प्रोड्यूस डायरेक्टर्स के चक्कर लगाते थे कि उनको चांस मिलना चाहिये। उनमें उस ज़माने के दिग्गज एस. मुखर्जी भी थे जिन्होंने लता को नाकार दिया था। आख़िर में गुलाम हैदर ने अपनी ज़िद नहीं छोड़ी और बॉम्बे टाकीज़ जो उस वक़्त बहुत बड़ा नाम था, की फ़िल्म 'मजबूर' (1948) गाना 'दिल मेरा तोड़ा ओ मुझे कहीं का न छोड़ा' पहली बार लता की पेश किया। बाद में लता की आवाज हिन्दी फ़िल्मी गानों का पर्याय बनी। गुलाम हैदर का जन्म हैदराबाद, सिन्ध में 1908 को हुआ था। मास्टर गुलाम हैदर पियानो बजाने में उस्ताद थे। कोई कहता है है उनका जन्म नारोवाल (आज का पाकिस्तान) पंजाब में हुआ था।

इण्टर की परीक्षा पास करके उन्होंने डेन्टस्ट्री कॉलेज में प्रवेश किया और डेंटिस्ट बन गये मगर संगीत से जो नैसर्गिक लगाव था वो कम नहीं

हुआ बल्कि बढ़ता चला गया और उन्होंने अपने डेंटिस्ट के करियर को तिलांजलि दे दी और गणेशलाल से संगीत सीखना प्रारम्भ कर और आगे चलकर चन्दर थिएट्रिकल कम्पनी कलकत्ता में पियानोवादक का काम शुरू किया और जेनाफोन (ग्रामोफोन) रेकॉर्डिंग कम्पनी में संगीतकार का कार्य करना शुरू किया। उमराव ज़िया बेगम जो कि पंचोली स्टूडियो लाहौर से जुड़ी थी, जो बाद में उनकी पत्नी बनीं, के साथ काम करना शुरू किया।

पहले रोशन लाल शौरी और उनके पुत्र रूप कुमार शौरी (एक थी लड़की फेम) ने उनको चांस दिया और बाद में अब्दुल रशीद कारदार ने उनको फ़िल्म में संगीत देने का मौक़ा दिया। यह बात थी 1935 की और फ़िल्म का नाम था 'स्वर्ग की सीढ़ी'। पंचोली की पंजाबी फ़िल्म 'गुल बकावली' (1939) इनकी पहली हिट फ़िल्म थी जिसमें नूरजहाँ तथा रफ़ी को पहली बार गाने का मौक़ा मिला। दूसरी पंजाबी फ़िल्म'यमला जट' (1940) वो भी हिट रही जो प्राण की पहली और फ़िल्म सफल रही। मगर 1941 में आयी पंचोली की फ़िल्म 'खजांची के संगीत ने फिल्म संगीत में खलबली मचा दी। 'खजांची, का गाना 'सावन के नज़ारे हैं' जो शमशाद बेग़म ने गुलाम हैदर के साथ कोरस में गाया, फ़िल्म संगीत में एक तरह से तूफ़ान ला दिया। 'पूंजी' फ़िल्म के बाद गुलाम हैदर लाहौर से पूरी तरह से मुम्बई आ गये। 'मज़दूर' (1948) में लता मंगेशकर को ब्रेक दिया तथा 'शहीद' (1948), 'कनीज़' (1949) भी उनकी बड़ी फ़िल्में थीं।

गुलाम हैदर ने ही लता के अलावा सुधा मल्होत्रा, सुरिन्द्र कौर को भी पहली बार चांस दिया। ढोल को सबसे पहले ये ही फ़िल्मों में लाये। इन्हीं से बाद के कुछ संगीतकार जैसे हंसराज बहल, श्याम सुन्दर, हुसनलाल भगतराम और फ़िरोज़ निज़ामी प्रभावित हुए। गुलाम हैदर के असिस्टेंट के तौर पे काम किया मदन मोहन तथा नौशाद ने। पाकिस्तान जाने के बाद इनके असिस्टेंट रहे ए. हमीद। पाकिस्तान में इन्होंने पाँच-छह फ़िल्मों को संगीत दिया जैसे कि 'शाहिदा' (1949), 'बेक़रार' (1950), 'अकेली' (1951), 'भीगी पलकें' (1952)। पर ये फ़िल्में वो करिश्मा नहीं दिखा सकीं जो आज़ादी से पहले वाली फ़िल्मों ने दिखाया। उनकी आख़िरी पाकिस्तानी

फ़िल्म 'गुलनार' (1953) थी। ऐसे प्रतिभाशाली संगीतकार 9 नवम्बर, 1953 को हमको छोड़ के हमेशा के लिये चला गया। क़रीबन 43 साल की उम्र पाने वाले गुलाम हैदर ने कितने ही प्रतिभाशाली गायक-गायिकाओं हिन्दी फ़िल्म उद्योग से परीचित कराया और हिन्दी फ़िल्म संगीत को थोड़े समय में बहुत बड़ी ऊँचाई प्रदान की।

मुम्बई आकर गुलाम हैदर ने 'फूल' (के. आसिफ़ निर्देशित), 'चल चल रे नौजवान', 'बैरम खान', 'शमा' और 'हुमायूँ' में संगीत दिया। उनके द्वारा संगीतबद्ध देशभक्ति का एक गीत आज भी मशहूर है– 'वतन की राह में वतन के नौजवाँ शहीद हों'। गीत फ़िल्म 'शहीद' (1948) का है, कलाकार थे दिलीप कुमार और कामिनी कौशल।

ये बात और है इससे पहले लता मंगेशकर को सबसे पहले मराठी फ़िल्म 'माझे बाळ' (1943) दत्ता (मराठी में दत्ता दावजेकर) ने पहली बार सिनेमा से परिचित कराया। उन्होंने ही लता जी को हिन्दी फ़िल्म 'आपकी सेवा में' (1947) प्रस्तुत किया। लता मंगेशकर का पहला हिन्दी गाना था 'पा लागू कर जोरी रे'।

बुलो सी. रानी
(बुलो चाँदीरामानी रामचन्दानी)

(1920-1993)

आपने एक क़व्वाली 'हमें तो लूट लिया मिल के हुस्नवालों ने' ज़रूर सुनी होगी। ये क़व्वाली फ़िल्म 'अल हिलाल' (1958) की थी जिसको लिखा गीतकार शेवन रिज़वी ने और गाया था इस्माइल आज़ाद और साथियों ने। इस क़व्वाली ने उस ज़माने में धूम मचा दी थी और यह आज भी लोकप्रिय है। इस क़व्वाली की धुन बनायी थी बुलो चाँदीराम रामचन्दानी यानी कि बुलो सी. रानी ने। कहते हैं कि सन् 1958 में इस अकेली क़व्वाली ने लगभग पन्द्रह लाख रुपये की कमाई की थी।

बुलो सी. रानी का जन्म 6 मई, 1920 में पाकिस्तान के सिन्ध प्रान्त में हैदराबाद में सिन्धी परिवार में हुआ था। इनके पिता भी संगीतकार थे। बी.ए. पास करने के बाद बुलो सी रानी मुम्बई (उस वक़्त की बम्बई) चले आये और रणजीत मूवीटोन फ़िल्म कम्पनी जॉइन कर ली। ये बात सन् 1939 की है। जैसे कि आम तौर पर होता है शुरुआती दिन इनके अत्यन्त कष्ट में बीते लेकिन उन्होंने उस वक़्त के बड़े-बड़े कलाकारों, फ़िल्म डायरेक्टरों से मिलने का सिलसिला जारी रखा। उनमें से उस वक़्त के मशहूर संगीतकार गुलाम हैदर, तथा गीतकार डी.एन. मधोक थे। 1940 के आसपास वे खेमचन्द प्रकाश, जो कि एक बहुत बड़ा नाम था संगीतकारों में, के सहायक रहे। इन्होंने खेमचन्द प्रकाश के साथ

फ़िल्म 'सुख-दुःख' (1942), 'तानसेन', 'चाँदनी', 'शहंशाहे बाबर' (1944) में सहायक के रूप में काम किया। 'तानसेन' फ़िल्म एक गाना 'दुखिया जियरा' जिसको खुर्शीद ने गाया था, इन्होंने ही कम्पोज किया। लेकिन क्रेडिट गया खेमचन्द्र प्रकाश को। ये ज्ञानदत्त के भी सहायक रहे। 'पैग़ाम' और 'शंकर पार्वती' के दो गाने इन्होंने कम्पोज किये मगर क्रेडिट गया ज्ञानदत्त को। इन्होंने उस दौर की छह फ़िल्मों में गीत भी गाये।

1944 में इनको पहली फ़िल्म मिली जिसमें इन्होंने स्वतन्त्र रूप से संगीत दिया, फ़िल्म थी 'कारवाँ'। उन्होंने भोला नाम से गाने गाये मगर संगीत दिया बुलो सी. रानी के नामसे। उसका एक गाना 'बदरिया बरस गयी उस पार' मुकेश ने गाया था। चालीस के दशक की इनकी मशहूर फ़िल्में थीं 'राजपूतानी' (1946), और 'अंजुमन' (1948)। लेकिन पचास का दशक इनके लिये सौगात लेकर आया जिसमें 'जोगन' (1950), 'वफ़ा' (1951), 'बिल्व मंगल' डी एन मधोक द्वारा निर्देशित (1954)। ' चुभ गये दो नेना मतवाले सी.एच.आत्मा ने गाया था तथा मंगल' में सुरैया और सी.एच. आत्मा ने क्लासिकल गीत गाये। उसका गाना दो दिल जो दिये होते हम इश्क के मारों को' और फिर दुनिया को याद रहेगा तेरा मेरा अपफसाना, सुरैया ने गाया, लिखा था डी.एन. मधोक ने,।

जैसे-जैसे नये-नये संगीतकारों ने अपनी जगह फ़िल्मों में बनानी शुरू की वैसे-वैसे बुलो सी. रानी अप्रासंगिक होते चले गये। 'सुनहरे क़दम' (1966) के बाद उनकी आख़िरी फ़िल्म थी 'बिजली' (1972)। 'जोगन' (1950) एक बहुत बड़ी फ़िल्म थी उस ज़माने की जिसको सेठ चन्दुलाल शाह ने बनाया और केदार शर्मा (उस वक़्त के बहुत बड़े डायरेक्टर राज कपूर के गुरु) ने निर्देशित किया। नरगिस और दिलीप कुमार कलाकार थे। राजेन्द्र कुमार की भी ये पहली फ़िल्म थी। इतनी बड़ी फ़िल्म का मिलना बुलो सी. रानी के लिये फ़ख्र की बात थी। 1950 की इस फ़िल्म ने उस दौर में क़रीब 60 लाख रुपये कमाये। उसका एक गाना 'घूँघट के पट खोल तुझे पिया मिलेंगे' जो गीता रॉय (गीता दत्त) ने गाया जो आज तक भी बिल्कुल नया लगता है।

'अनारबाला' (1961) फिल्म जिसे बुलो सी. रानी ने संगीतबद्ध किया गाना 'न जाना मेरे दिल की दुनिया में आके, बहारे लुटा के नज़ारे दिखाके' जिसे गाया सुबेर सेन और सुमन कल्याणपुर ने, बहुत प्रसिद्ध गीत था। इन्होंने लगभग 71 फ़िल्मों में संगीत दिया।

आख़िरी वक़्त में वे बेहद तनाव और एकान्त में रहने लगे थे क्योंकि कोई काम नहीं मिल रहा था और अन्ततः 23 मई, 1993 को उन्होंने आत्महत्या कर ली, तब उनकी उम्र 73 साल की थी।

सरदार मलिक

(1925-2006)

1961 में आयी फ़िल्म 'सारंगा', जो धीरूभाई देसाई द्वारा निर्देशित थी और सुदेश कुमार, जयश्री गड़कर द्वारा अभिनीत थी, का गाना 'सारंगा तेरी याद में नैन हुए बेचैन' मुकेश द्वारा गाया गया (वैसे रफ़ी ने भी इसे गाया है।) इस गाने के 25 टेक हुए। पच्चीसवें टेक में ये गाना ओके करार दिया गया। गाना आज भी जब सुनने में आता है तो इसके शब्द संगीत सुन कर मन मयूर नाचने लगता है। दूसरा गाना है 'दीवाना हुए', इन गाने को लिखा पं. भरत व्यास ने और संगीतबद्ध किया सरदार मलिक ने। वैसे 'सारंगा' के सारे गाने भरत व्यास ने लिखे। सरदार मलिक मशहूर गीतकार हसरत जयपुरी के जीजा थे। सरदार मलिक का जन्म 13 जनवरी, 1925 को कपूरथला में हुआ। 1940 के आसपास वे मुम्बई आये। लगभग 600 गानों को इन्होंने संगीत दिया और कुछ ख़ास फ़िल्में थीं 'ठोकर (1951), 'औलाद' (1954), 'सारंगा' (1961), 'बचपन' (1963) और 'महारानी पद्मिनी' (1964)।

इन्होंने उस्ताद अलाउद्दीन ख़ाँ से संगीत व उदयशंकर से डांस सीखा। फ़िल्म 'लैला मजनूँ' (1953) इन्होंने गुलाम मुहम्मद के साथ संगीत दिया। सरदार मलिक एक अच्छे डांसर भी थे मगर वे सीधे-सादे इन्सान थे। अपनी मार्केटिंग न कभी उन्होंने की ना करना जानते थे। फ़िल्मों में अच्छा रसूख़ होते हुए भी (जैसे कि साहिर लुधियानवी, मो. रफ़ी)। अपने आत्म-सम्मान से वे सौदा नहीं करना चाहते थे। इनकी पहली फ़िल्म थी 'रेणुका' (1947) जिसमें

इन्होंने चार गाने भी गाये थे– सोलो और दो जोहराबाई अंबालावाली के साथ। इनकी आख़िरी फ़िल्म थी 'ज्ञानी जी' (1977)। 'बचपन' (1963) का गाना 'मुझे तुमसे मुहब्बत है मगर मैं कह नहीं सकता' आज भी ताज़ा है। 'पाँच रतन' (1965) सरदार मलिक संगीत बद्ध की गयी आख़िरी फ़िल्म थी। काम न मिलने से वे इतने डिप्रेशन में चले गये कि उन्होंने अपने सारे रिकॉर्ड समुद्र में फेंक दिये। जैसा कि पहले ज़िक्र किया गया है प्रेमनाथ की फ़िल्म 'ज्ञानी जी' (1977) में इन्होंने अधमन से संगीत दिया। ना तो फ़िल्म के बारे में ना ही संगीत के बारे में कोई कहीं ज़िक्र हुआ।

ऐसा प्रतिभाशाली संगीतकार, गायक 27 जनवरी, 2006 को दुनिया से जुदा हो गया। सरदार मलिक की एक ही फ़िल्म 'सारंगा' उनको परफ़ेक्ट म्यूज़िक डायरेक्टर की कैटेगरी में लाने को काफ़ी है।

जी.एस. कोहली (गुरुशरण सिंह कोहली)

(1928-1996)

अगर किसी ने ढोलक बजाने में विशेषता प्राप्त की तो उनमें एक नाम जी.एस. कोहली का भी था। वैसे वे कई वाद्य आसानी से बजा लेते थे। इनका जन्म 1928 में पंजाब में हुआ। जब पहली फ़िल्म दलसुख पंचोली ने संगीतकार के तौर पर ओ.पी. नय्यर (ओंकार प्रसाद नय्यर), को 'आसमान' (1952) दी तो जी.एस. कोहली उनके असिस्टेंट बने। वैसे वो बहुत अच्छे अरेंजर भी थे। अपने आप में स्वतन्त्र संगीत देने के बाद भी वे ओ.पी. नय्यर के असिस्टेंट ही रहे जैसे दत्ताराम वाडकर शंकर-जयकिशन के रहे।

साठ के दशक तक ओ.पी. नय्यर की फ़िल्मों के संगीत की मिठास में जी.एस. कोहली का बहुत सहयोग रहा जैसे 'सी.आई.डी.', 'मिस्टर एंड मिसेस 55', 'आर-पार', 'हम सब चोर हैं', 'नया दौर', 'मुजरिम, 'दो उस्ताद', 'कश्मीर की कली' आदि।

1960 के दौर में स्वतन्त्र संगीकार के रूप में उनको पहली फ़िल्म मिली 'लम्बे हाथ'। इस फिल्म का गाना 'प्यार की राह दिखा दुनिया को रोके जो नफरत की आँधी' जिसे गाया था मो रफ़ीने और लिखा था अनजान ने, एक यादगार गीत है। दूसरी फ़िल्म थी 'मि. इण्डिया' (1961) उसके बाद तो 'फौलाद' (1963), 'शिकारी' (1963), 'चार दरवेश', 'नमस्ते जी',

'दो मतवाले', 'नौजवान संगदिल' 'जंग और अमन', 'गुण्डा', 'जालसाज़' आदि फ़िल्मों में संगीत दिया। आख़िरी फ़िल्म थी 'महादान' (1984)।

इन सब फ़िल्मों का संगीत इतना लोकप्रिय नहीं हुआ। मगर 'शिकारी' (1963) के गानों ने धूम मचा दी। 'चमन के फूल भी तुझको गुलाब कहते हैं' और 'तुमको पिया दिल दिया बड़े नाज़ से' इन गीतों में पंजाबी धुनों की पूरी छाप है। 'शिकारी' के गाने लिखे थे फारुक केसर तथा कमर जलालाबादी ने, फ़िल्म को निर्देशित किया था मोहम्मद हुसैन हीरो थे अजीत और रागिनी तथा निर्माता थे फ़कीरचन्द मेहरा।

अच्छी धुनों को जन्म देने वाला ये संगीतकार इतना मशहूर क्यों नहीं हुआ ये भी एक आश्चर्य है, जबकि जी.एस. कोहली में प्रतिभा की कोई कमी नहीं ी।

कहा जाता है ओ.पी. नय्यर की तरह ये भी शॉर्ट टेम्पार्ड थे। कभी-कभी तो वे ओ.पी. नेय्यर से भी उलझ जाते थे। इन्होंने लगभग 15 फ़िल्मों में संगीत दिया जो या तो स्टंट फिल्में थीं या बी ग्रेड की फ़िल्में थीं। उनका दुर्भाग्य कि उनको बड़े बैनर की फ़िल्में नहीं मिलीं। 'शिकारी' (1963) एफ.सी. मेहरा को छोड़कर नतीजा ये हुआ कि वे डिप्रेशन में चले गये और उनकी प्रतिभा व्यर्थ चली गयी। 'शिकारी' में लता मंगेशकार, उषा मंगेशकर और आशा भोंसले ने गीत गाये।

अनजान जी.एस. कोहली के मनपसन्द गीतकार थे जिन्होंने 'डॉन' का गाना 'खाय के पान बनारसवाला' लिखा था। 'लम्बे हाथ' में इनको गाना लिखने का पहला मौक़ा मिला। 25 जुलाई, 1996 को संगीत प्रतिभा के धनी इस संगीतकार का निधन हो गया।

दानसिंह

(1927-2011)

फ़िल्म 'माय लव' (1970) का गीत याद है आपको 'ये तेरे प्यार का ग़म' (शशि कपूर-शर्मिला टैगोर) गाया था मुकेश ने लिखा था आनन्द बक्षी ने, मुकेश के गाये बेहतरीन गानों में से एक है। दूसरा गाना 'ज़िक्र होता है जब क़यामत का तेरे जलवों की बात होती है तू जो चाहे तो दिन निकलता है तू जो चाहे तो रात होती है' मुकेश का ही गाया हुआ है, आज तक दोनों गाने सुनने पर कितना सुकून देते हैं। राग भैरवी में आधारित इस गाने का तो ज़िक्र मदन मोहन ने भी आश्चय्र के साथ किया। इन गानों की धुन बनाने वाले संगीतकार का नाम दानसिंह था। इतनी प्रतिभा होते हुए भी उनको ज़्यादा मौक़े नहीं मिले जिसके वो अधिकारी थे।

दानसिंह को 'बवण्डर' (2000) फ़िल्म मिली मगर फ़िल्म में गानों का पिक्चराइजेशन नहीं हो सका। एक राजस्थानी गाना 'उगमरा सूरज' से वो बात नहीं आयी जो आनी थी। दानसिंह के पिता एक स्कूल में आर्ट टीचर थे और कभी-कभी ख़याल गा लिया करते थे।

इन्होंने जब वे बच्चे थे लखनऊ के एक शादी समारोह में अपने पिता की जगह एक ख़याल गाया— 'तेरी बातों से मुझको ये ज़ाहिर हुआ इश्क़ तेरा हुआ कोई कंगाल से' तो सब-के-सब स्तब्ध रह गये।

बाद के कुछ साल उन्होंने ऑल इंडिया रेडियो, जयपुर में काम किया। कुछ महीने इन्होंने खेमचन्द प्रकाश के पास भी गुज़ारे।

'वो तेरे प्यार का ग़म' गाने के बाद मुकेश ने भी कहा कि हम नहीं होंगे मगर ये गीत लोग याद रखेंगे। और हुआ भी वही। इस तरह फ़िल्म 'भूल न जाना' (1973) जो कभी रिलीज ही नहीं हुई 'ग़मे दिल किसे कहूँ'। गाना लिखा था डॉ. हरिराम आचार्य ने। दानसिंह की पत्नी डॉ. उमा यागनिक फिजीशियन थीं और व्यावसायिक संगीतकार भी।

दानसिंह की संगीतबद्ध फ़िल्म 'भूल न जाना' (1973) जो पर्दे पर आयी ही नहीं का गाना 'ग़मे दिल किसे कहूँ' जो मुकेश ने गाया था, की मधुरता भुलाये नहीं भूलती। इस फ़िल्म का एक और गाना जो गुलज़ार ने लिखा। 'पुकारो मुझे नाम लेकर पुकारो' की इसी पाये का गीत था। 'भूल न जाना' के सारे ही गीत शब्द-भाव-संगीत के लिहाज़ से बहुत ही अच्छे थे मगर ये दानसिंह की बदनसीबी ही कहिये पर्दे पर ये फ़िल्म न पहुँने की वजह से फ़िल्म संगीत के रसिकों को भी इनसे लगभग वंचित रहना पड़ा।

इनके राग भैरवी पर आधारित गानों की संगीतकार मदन मोहन ने भी प्रशंसा की थी।

इतनी प्यारी धुनें देने वाले दानसिंह को फ़िल्मों के ऑफर आने चाहिए नहीं आये। शायद ये उनकी क़िस्मत थी या फिर उन जैसे सीधे-सादे इन्सान को अपनी मार्केटिंग करनी नहीं आयी।

इनका ज़्यादातर जीवन ऑल इंडिया रेडियो, जयपुर में गुज़रा। वहाँ इन्होंने कवि सुमित्रानन्दन पन्त की रचना को भी संगीत दिया जिसको सुनकर स्वयं सुमित्रानन्दन पन्त को सुखद आश्चर्य हुआ।

दानसिंह को फ़िल्में मिलीं 'रेत की गंगा', 'भूल न जाना' (1965), 'बहादुर शाह ज़फ़र' तथा 'मतलबी अफ़साने' किन्तु इन फ़िल्मों ने पर्दा देखा ही नहीं। फ़िल्म 'तूफ़ान' (1969) जिसमें दारा सिंह हीरो थे का गीत 'हमने तो प्यार किया' काफ़ी प्रसिद्ध रहा।

कई बार ऐसा भी होता था कि महफ़िल में गाये गीत की धुन को लोग उठा लेते थे और अपने नाम से कम्पोज़ कर लिया करते थे।

इस अत्यन्त प्रतिभाशाली बदक़िस्मत संगीतकार का 2011 में लिवर की बीमारी की वजह से जयपुर में निधन हो गया।

मास्टर कृष्णराव
(कृष्णराव गणेश फूलंब्रीकर)

(1898-1974)

हिन्दुस्तानी संगीतज्ञ मास्टर कृष्णराव जिन्होंने तीन हिन्दुस्तानी रागों का निर्माण किया। इन्हें संगीत नाटक अकादेमी की फेलोशिप मिली। इन्होने 1935 में 'धरमात्मा' फ़िल्म का संगीत दिया जिसमें बाल गंधर्व हीरो थे और 'पड़ोसी' फ़िल्म का जिसका दिग्दर्शन वी. शान्ताराम ने 'प्रभात' (1941) फिल्म में किया। इनका जन्म 20 जनवरी, 1888 में पुणे के पास आलंदी (जो कि सन्त ज्ञानेश्वर का भी गाँव है) में हुआ और देहावसान 2 अक्तूबर, 1974 को पुणे में हुआ। इनको पद्मभूषण भी प्राप्त हुआ। ये मराठी नाटककार भी थे। इस इनके द्वारा संगीतबद्ध 'संत एकनाथ' में जो 1935 में पर्दे पर आई में सोलह गाने थे। 1936 में प्रभात फ़िल्म की एक और फ़िल्स 'अमर ज्योति' आयी जिसको वेनिस फ़िल्म फेस्टिवल में प्रदर्शित किया गया। 'गोपाल कृष्ण' 1937 जिसका डायरेक्शन दामले और फत्तेलाल ने किया था। 'पड़ोसन' का एक गाना 'लाख लाख चंदेरी' का नृत्य दृश्य बड़ा कॉम्प्लीकेटेड था। आगे चलकर इनसे वसन्त देसाई, सुधीर फड़के, स्नेहल भाटकर जैसे संगीतकार प्रभावित हुए।

1968 में इनको चेहरे का लकवा मार गया और इन्होंने गायक के तौर पर अपने को अलग करना पड़ा। 1974 में 76 साल की उम्र में उनका देहावसान हो गया।

इनकी फ़िल्मी यात्रा इस तरह थी 'अमर ज्योति' (1936), 'वहाँ' (1937), 'गोपाल कृष्ण' (1938), 'माणूस' (1939), 'आदमी' (1939), 'पड़ोसी' (1941), 'लाखारानी' (1945), 'वसंत सेन' (1942), 'मेरी अमानत और (1947), 'संत रामदास' (1949)। आख़िरी फ़िल्म 'ताई तेलीन' (मराठी) 1967 में आयी। 'पड़ोसी' उस ज़माने की बड़ी ही प्रसिद्ध फ़िल्म थी जिसमें, जागीरदार, मज़हर ख़ान, राधाकृष्ण ने काम किया, गाने पं. सुदर्शन ने लिखे थे। फ़िल्म का गीत 'साथी जनम-मरण का तू' बहुत प्रसिद्ध हुआ था। ये एक ब्लॉकबस्टर फ़िल्म थी। सामूहिक नृत्य गीत 'कैसा छाया है उजाला रसीला उठ मेरी लाड़ली बेटी राजदुलारी बेटी स्वयं मास्टर कृष्णराव ने गाया था।

इन्होंने लगभग पन्द्रह फ़िल्मों को संगीत दिया। राजकमल कला मन्दिर (वी. शान्ताराम) की फ़िल्म 'भक्तीचा माळा' (मराठी) 1944 इन्होंने मुख्य भूमिका निभाई थी। इस मराठी फ़िल्म का संगीत भी इन्होंने दिया और गाने भी स्वयं गाये।

कृष्णराव को 1971 में पद्मभूषण प्रदान किया गया। इन्होंने संगीत पर कई किताबें, ख़ासतौर पर रागों पर कई किताबें लिखीं। पद्म भूषण के अलावा इनको संगीत नाटक अकादमी की फेलोशिप भी मिली थी।

शिवराम
(पं. शिवराम कृष्ण)

(1927 - 1980)

फ़िल्म 'सुरंग' (1952) का गीत 'गुज़री थी रात आधी ख़ामोश था ज़माना' गया था लता मंगेशकर ने और लिखा था शेवन रिज़वी ने संगीत दिया था शिवराम कृष्ण ने अपने ज़माने का हिट गीत था। इस फ़िल्म का डायरेक्शन वी. शान्ताराम ने किया था। ये गाना शशिकला पर फ़िल्माया गया था।

पं. शिवराम कृष्ण मूलतः जोधपुर (राजस्थान) के थे। उन्होंने क़रीबन एक दर्जन फ़िल्मों में संगीत दिया और ज़्यादातर फ़िल्में पौराणिक कथाओं पर आधारित थीं। ऐसी ही एक फ़िल्म 'शकंर सीता अनसूया' (1965), ...जिसके गाने लिखे थे प्रदीप ने। उस फ़िल्म का एक गाना 'हमने जग की अजब तसवीर देखी,' जो स्वयं प्रदीप ने गाया था और जिसका संगीत शिवराम (शिवराम कृष्ण) ने दिया था आज भी लोगों को याद है। इस फ़िल्म के मुख्य कलाकार थे निरूपा रॉय, अनिता गुहा तथा सुलोचना लाटकर।

इनकी फ़िल्मों के नाम हैं– 'रंगीला राजा' (1950), 'श्रवण कुमार' (1960), 'काले गोरे' (1960), 'फूल और कलियाँ' (1960), 'कण कण में भगवान' (1965), 'महासती वेदुला' (1964), 'सती नारी' (1967), 'वीर बजरंग' (1966), 'क़ातिल' (1970), 'सम्पूर्ण तीर्थयात्रा' (1970), 'भक्त नरसिंह मेहता' (1980), 'महापावन तीर्थयात्रा' (1975), 'तीन बत्ती चार रास्ता' (1953)। (इस फ़िल्म को वी. शान्ताराम ने बनाया था)।

फ़िल्म 'कण कण में भगवान' (1963) के गाने लिखे थे भरत व्यास ने और इसके सारे गाने उस वक़्त लोगों की जुबाँ पे थे जो कि 'अपने पिया की मैं तो बनी रे जोगनिया' महिपाल पर फ़िल्माया गया था अत्यन्त लोकप्रिय हुआ था। वैसे भी मन्ना डे का 'सबको नाच नचाता मगर नज़र नहीं वो आता' आज भी गुनगुनाया जाता है जिसमें बाँसुरी का प्रयोग बड़े अच्छे ढंग से किया गया है।

वैसे शिवराम ने राजस्थानी, भोजपुरी, पंजाबी, हरियाणवी आदि भाषाओं की फ़िल्मों में संगीत दिया। 'बाबा सा री लाडली' राजस्थानी फ़िल्म जो कि इनकी पहली फ़िल्म थी, का संगीत इन्होंने सरस्वती देवी के साथ दिया था। खेमचन्द प्रकाश ने इनको प्रेरित किया कि ये हिन्दी फ़िल्मों में कोशिश करें। 16 साल की उम्र में वे लाहौर गये और पं. अमरनाथ तथा गुलाम हैदर के साथ काम किया तथा 1951 में मुम्बई आये। मुम्बई आते ही वी. शान्ताराम ने इनके साथ दो फ़िल्में साइन कीं। 'तीन बत्ती चार रास्ता' (1953) और 'सुरंग' (1953)। शुरुआत तो बहुत अच्छी हुई लेकिन फिर भी इस संगीतकार को वह सम्मान नहीं मिला जिसके वे अधिकारी थे।

वे एक परफ़ेक्ट हारमोनियम बजाने वाले भी थे और उन्होंने फ़िल्म 'ऊँची हवेली', 'रंगीला राजा', 'सती अनुसूया', 'बदरीनाथ यात्रा' में गाने भी गाये। वैसे तो कई गीतकारों ने इनके साथ काम किया जैसे कि असद भोपाली, शेवन रिज़वी, पी.एल. सन्तोषी, नक्शक जारचवी मगर इनकी जोड़ी भरत व्यास तथा कवि प्रदीप के साथ अच्छी जमी। इनके पुत्र जुगल किशोर और तिलक राज ने भी 'भीगी पलकें' (1983) में संगीत दिया।

पं. शिवराम का देहान्त फ़रवरी 1980 में हो गया।

सी. अर्जुन

(1933-1992)

फ़िल्म 'सुशीला' (1963) का गाना 'ग़म की अँधेरी रात में दिल को न बेक़रार कर' जो रफ़ी और लता ने गाया है, के शब्द, भाव और संगीत बेमिसाल है। इस गाने को लिखा था जानिसार अख़्तर ने और संगीत दिया था सी. अर्जुन ने। सी. अर्जुन एक अत्यन्त प्रतिभाशाली फ़िल्म सगीतकार थे। 'सुशीला' के सारे गाने अत्यन्त कर्णप्रिय थे। फ़िल्म 'मैं और मेरा भाई' (1961) का रफ़ी का गाया गाना 'ओ गोरी ज़ुल्म करे ज़ुल्फ का बिखर जाना' आज भी उतना ही ताज़गीभरा है। इस फ़िल्म के गाने भी जाँनिसार अख़्तर ने लिखे थे। सन् 1964 में आयी फ़िल्म 'पुनर्मिलन' के गानों ने भी सारे भारत में धूम मचा दी थी। एक गाना 'इन प्यार की राहों में तेरा ही सहारा है' तथा 'पास बैठो तबीयत बहल जायेगी मौत भी आ गयी हो तो टल जायेगी' को भला कौन भूल सकता है। इस फ़िल्म के गाने लिखे थे जाँनिसार अख़्तर, गुलशन बावरा और इंदीवर ने, सी. अर्जुन की ये अत्यन्त सफ्ल फ़िल्म थी मगर फ़िल्मों के बाज़ारीकरण के हथकण्डे इस प्रतिभाशाली संगीतकार को शायद नहीं आते थे। ये एक ही फ़िल्म काफ़ी थी संगीतकार के लिए फ़िल्मों की लाइन लगाने को। फिर 1975 में संगीत का धमाका सी. अर्जुन ने फ़िल्म 'जय सन्तोषी माँ' में किया। फ़िल्म के गाने लिखे थे कवि प्रदीप ने और फ़िल्म लो बजट थी, और अनजाने कलाकारों को लेकर बनी थी केवल अनीता गुहा ही एक जाना-माना चेहरा थीं, ने कमाई के सारे रिकॉर्ड तोड़ दिये। भारत की 10 कमाई करने वाली फ़िल्मों में इसका भी नाम है। इस फ़िल्म का बेमिसाल संगीत भी सी. अर्जुन के नाम है।

सी. अर्जुन अत्यन्त प्रतिभाशाली हिन्दी फ़िल्म संगीतकार थे। इन्होंने हमेशा याद रहने वाले गाने फ़िल्म जगत् को दिये। इनका जन्म 1933 में सिन्ध में हुआ था। स्वतन्त्र रूप में संगीत देने से पहले ये बुलो सी. रानी के सहायक भी रह चुके थे। चूँकि सी. अर्जुन के पिता स्वयंभू गायक थे तो संगीत इनको विरासत में मिला। सिन्धी फिल्म 'अवना' से इन्होंने अपने करियर की शुरुआत की। इनकी पहली हिन्दी फ़िल्म थी 'रोड नं. 303' (1960)। इनकी ट्यूनिंग जाँनिसार अख़्तर से ऐसे ही थी जैसे साहिर की रोशन, रवि से थी।

'पास बैठो तबीयत बहल जायेगी' को इंदीवर ने लिखा था 'पुनर्मिलन' (1964) का यह गीत जो रफ़ी ने गाया था, काफ़ी था इस प्रतिभाशाली संगीतकार को फ़िल्माकाश पर ले जाने को गीत जगदीप और अमिता पर फ़िल्माया गया था। इस एक ग़ज़ल ने सी. अर्जुन को अमर बना दिया।

'सुशीला' का ही एक गाना 'बेमुरत्वत बेवफ़ा बेगाना-ए-दिल आप हैं' को लिखा था जाँनिसार अख़्तर ने और गाया था मुबारक बेगम ने, आज तक अपनी मिठास नहीं छोड़ी है।

सी. अर्जुन के संगीत निर्देशन में बनीं फिल्में—'रोड नं. 303' (1960), 'मैं और मेरा भाई' (1961), 'पुनर्मिलन' (1964), 'एक साल पहले' (1965), 'सुशीला' (1963), 'चले हैं ससुराल' (1966), 'लम्बू इन हांगकांग' (1067), 'मंगू दादा' (1970), 'उस्ताद पेड्रो' (1971), 'गुरु और चेला' (1973), 'जय सन्तोषी माँ' (1975), 'रक्षा बन्धन' (1976), 'लव इन कश्मीर' (1976), 'सुबह ज़रूर आयेगी' (1977), 'नवाब साहेब' (1978), 'मर्डर ऑन हाई वे' (1975), 'हमारी कहानी' (1976), 'आँख का तारा' (1978), 'माँ करवा चौथ' (1980), 'क़नून और मुजरिम' (1981), 'सती नाग कन्या' (1983), 'सम्पूर्ण महाभारत' (1983)।

अफ़सोस 59 साल की उम्र (1992) में रेकॉर्डिंग स्टूडियो में हृदयाघात से इनकी मृत्यु हो गयी।

प्रेम धवन

(1923-2001)

एक व्यक्ति में कितनी विधाएँ हो सकती हैं अगर ये देखना है तो प्रेम धवन को देखिए, डांसर, गीतकार, अदाकार, संगीतकार ये सभी विशेषताएँ उनमें थीं। प्रेम धवन का जन्म 13 जून, 1923 को अम्बाला में हुआ। उनके पिता जेल सुपरिंटेंडेंट थे (ब्रिटिश काल में)। लाहौर में उनकी पढ़ाई हुई और वहीं वे कम्युनिस्ट पार्टी ऑफ़ इण्डिया से जुड़ गये। अपने फ़िल्मी कॅरियर की शुरुआत भी उन्होंने लाहौर से ही की और ख़्वाजा ख़ुर्शीद अनवर जो कि म्यूज़िक डायरेक्टर थे, के असिस्टेंट के तौर पर उनसे जुड़े। 1946 में ख़्वाजा अहमद अब्बास की फ़िल्म 'आज और कल' से भी जुड़े।

बाद में उन्होंने मुम्बई (उस ज़माने में बम्बई) आना ठीक समझा क्योंकि मुम्बई में ही मशहूर संस्था 'इण्डियन पीपल्स थिएटर एसोसिएशन' का ऑफ़िस था और इस संस्था से उस ज़माने के नामी-गिरामी लोग, कलाकार, गीतकार आदि जुड़े हुए थे उनमें से एक पं. रविशंकर भी थे। पं. रविशंकर से इन्होंने संगीत तथा पं. उदय शंकर से नृत्य की शिक्षा ली थी। 'धरती के लाल' (1941) इनकी पहली फ़िल्म थी जिसके गाने भी इन्होंने लिखे। उसके बाद तो इन्होंने कई फ़िल्मों में गाने लिखे जो काफ़ी प्रसिद्ध जैसे 'आराम' (1950), 'तराना' (1951), 'शोला और शबनम' (1961), 'काबुलीवाला' (1961), 'एक फूल दो माली' (1969), 'पूरब और पश्चिम' (1970), 'प्यार का सागर' (1961), 'शहीद' (1965)। मनोज कुमार अभिनीत इस फ़िल्म

में तो इन्होंने संगीत भी दिया। जिसके कुछ गीत गाने संगीत के लिहाज़ से सुपरहिट है। ख़ासतौर पर से ये गीत 'मेरा रंग दे बसन्ती चोला' और 'ऐ वतन ऐ वतन'।

दो फ़िल्मों में उन्होंने अभिनय भी किया जिनमें एक थी 'लाजवाब' (1950) और दूसरी थी 'गूँज उठी शहनाई' (1959)।

प्रेमधवन फ़िल्मों में डांस डारेक्टर भी रहे हैं। उनमें से एक थी बी.आर. चोपड़ा की 'नया दौर' (1957)।

'नानक दुखिया सब संसार' (1970) गीतों के लिए इनको राष्ट्रीय पुरस्कार मिला। भारत सरकार ने इनको पद्मश्री भी प्रदान किया।

7 मई, 2001 को हृदयाघात से 78 वर्ष की उम्र में इनकी मृत्यु हो गयी। लगभग 34 फ़िल्मों में उन्होंने गाने लिखे जिनमें प्रमुख हैं– 'पवित्र पापी' (1970), 'एक फूल दो माली' (1969), 'दस लाख' (1966), 'प्यार का सागर' (1961), 'चिराग कहाँ रोशनी कहाँ' (1959) और 'काबुलीवाला' (1961) जिसका 'ऐ मेरे प्यारे वतन ऐ मेरे उजड़े चमन' गीत आज तक गाया जाता है। राज कपूर की 'जागते रहो' (1959) का गाना 'कि मैं झूठ बोलियाँ' भी इन्होंने ही लिखा था। लगभग 16 फ़िल्मों में संगीत दिया जिनमें प्रमुख हैं– 'किसान और भगवान' (1974), 'नानक दुखिया सब संसार' (1970), 'पवित्र पापी' (1970), 'शहीद' (1965), 'आधी रात के बाद' (1965)। लगभग पचास फ़िल्मों में डांस डायरेक्टर रहे। प्रमुख फ़िल्में हैं– 'वक़्त' (1965), 'धूल का फूल' (1958), 'नया दौर' (1957), 'गुमराह' (1958) ये चारों फ़िल्में बी.आर. चोपड़ा की थीं। 'दो बीघा ज़मीन' (1953) जो कि बिमल रॉय प्रोडक्शन की पहली फ़िल्म थी जो बलराज साहनी अभिनीत थी। 1948 में आयी देव आनन्द अभिनीत फ़िल्म 'ज़िद्दी' ने इनको प्रसिद्ध गीतकार बना दिया।

इतनी सारी विशेषताएँ होते हुए भी प्रेम धवन को वो मान सम्मान नहीं मिला जिसके वो अधिकारी थे।

इन्होंने खेमचन्द प्रकाश, अनिल बिस्वास, मदन मोहन, सी.एच. आत्मा, हंसराज बहल, मोहम्मद शफ़ी, सलिल चौधरी, पं. गोविन्द राम, रोशन, ख़य्याम, चित्रगुप्त, कानू घोष, उषा खन्ना, कल्याणजी-आनन्दजी, शंकर जयकिशन आदि सभी संगीतकारों के लिये गाने लिखे।

खेमचन्द प्रकाश-'जिद्दी' (1948); मदन मोहन-'अदा' (1951), सी.एच. आत्मा-आसमान' (1952); अनिल बिस्वास-'जीत' (1948), 'आरज़ू' (1949), 'लाजवाब' (1950), 'तराना' (1951), 'दो राह' (1952), 'बड़ी बहू' (1951), 'आराम' (19451), 'राही' (1953), 'हम दो' (1953), 'नाज़' (1954), 'पड़ोसी' (1957); हंसराज बहल 'रेशम' (1952), 'मिस बॉम्बे' (1957), 'मोती महल' (1958), 'मिलन' (1958), 'सावन' (1959); मोहम्मद शफी 'बाजूबन्द' (1954); सलिल चौधरी-'बिराज बहू' (1954), 'ताँगेवाली' (1955), 'जागते रहो' (1956), 'ज़माना' (1957), 'काबुलीवाला' (1961); पं. गोविन्द राय-'नक़ाब' (1955); रोशन-'घर-घर में दीवाली' (1955), 'टकसाल' (1957), 'कॉफ़ी हाउस' (1957), 'वल्लाह क्या बात है' (1962); ख़य्याम-'तातार का चोर' (1955); रवि 'एक साल' (1957), 'चिराग कहाँ रोशनी कहाँ' (1959), 'प्यार का सागर' (1961), 'एक फूल दो माली' (1969); हुस्नलाल भगतराम-'दुश्मन' (1955); शैलेश मुखर्जी 'सवेरा' (1955); चित्रगुप्त 'डाका' (1959), 'गेस्ट हाउस' (1959), 'मैडम एक्स ..' (1959), 'बड़ा आदमी' (1961), 'झनक' (1961), 'आधी रात के बाद' (1965); कानू घोष; 'प्यार की राहें' (1959), 'जवाहर' (1960); उषा खन्ना-'हम हिन्दुस्तानी' (1960), 'शबनम' (1964); कल्याणजी आनन्दजी 'उपकार' (1967), 'गीत' (1970)-स्वयं प्रेम धवन जिसमें संगीतकार थे वे फ़िल्मे हैं 'शहीद' (1965), 'रात के अँधेरे में' (1969), 'पवित्र पापी' (1970)।

सन्मुख बाबू उपाध्याय

(1920-1984)

सन्मुख बाबू का जन्म 1920 में हुआ। वें मूल रूप से सूरत के थे और धार्मिक-पौराणिक फ़िल्मों के संगीतकार अविनाश व्यास के सहायक थे। चूँकि वे मूलतः गुजराती थे अतः उनके गानों में गुजराती लोकगीतों की मिठास थी। 24 फरवरी, 1984 को इस संगीतकार का मुम्बई में निधन हो गया मगर इसकी ख़बर तक फ़िल्मी जगत को नहीं हुई।

फ़िल्में जिनमें सन्मुख बाबू ने संगीत दिया–'सती परीक्षा' (1957), 'नाग पद्मिनी' (1957), 'ललकार' (1956), 'राज प्रतिज्ञा' (1958), 'हमीर हठ' (1964), 'अमरसिंह राठौड़' (1957) तथा 'अमर प्रेम' (1960)। 'अमर सिंह राठौर' फ़िल्म का गाना 'उगा सूरज प्रभात का मिटा अँधेरा' जो भरत व्यास ने लिखा और मन्ना डे-शमशाद बेग़म ने गाया अच्छा-खासा मशहूर हुआ। उसी तरह फ़िल्म 'हमीर हठ' (1964) की सरस्वती कुमार दीपक की लिखी ग़ज़ल जो मुबारक बेग़म ने गायी 'निगाहों से दिल में खिंचे चले आइयेगा' भला कौन भूल सकता है। फ़िल्म 'नाग पद्मिनी' (1957) का प्रेम धवन का लिखा और गीता दत्त तथा साथियों का गाया गरबा टाइप का गीत 'बन के मेहमान घर आये भगवान' उनके अच्छे गीतों में से है। 'नाग पद्मिनी' का ही एक और गाना जो प्रेम धवन ने लिख और गीता दत्त तथा कृष्णा गोयल ने गाया, का संगीत भी दिलकश है। इसमें बीन का प्रयोग बड़ी ख़ूबसूरती से किया गया है।

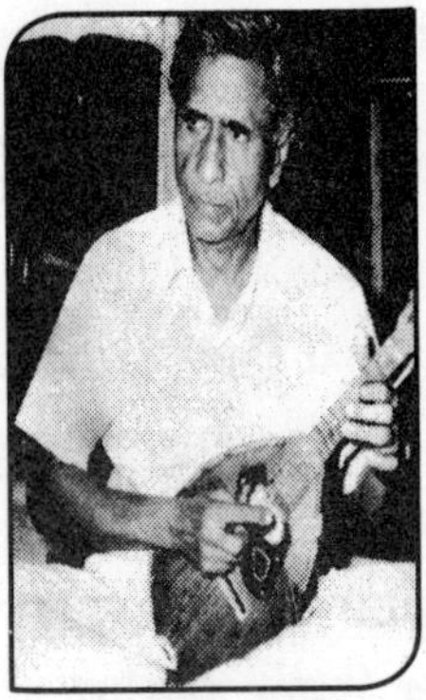

सज्जाद (सज्जाद हुसैन)

(1917-1995)

अगर कोई बेहद मुँहफट हो तो अच्छी-ख़ासी प्रतिभा का भी पतन कैसे होता है ये बात संगीतकार सज्जाद पर बिल्कुल फिट बैठती है। नतीजा ये निकला कि उनका कार्यकाल ज़्यादा लम्बा नहीं चल सका और धीरे-धीरे सारे गीतकार/गायक उनसे किनारा करते चले गये।

इनका जन्म सीतामाऊ मध्य प्रदेश में 1917 को हुआ। बचपन में उनके पिता ने उनको सितार बजाना सिखाया। उनको वीणा, वॉयलिन और बाँसुरी बजाना अच्छी तरह आता था मगर मैंडोलिन पर उनको महारत हासिल थी जिस पर वे भारतीय राग आराम से बजा लेते थे।

1937 में वे अपने भाग्य को आज़माने के लिये अपने भाई के साथ मुम्बई आ गये। 30 रुपये माहवार में सोहराब मोदी के यहाँ नौकरी की। कुछ सालों बाद वे मीर साहिब तथा रफ़िक़ ग़ज़नवी के सहायक बने।

मीर अल्लाबक्श (मीनाकुमारी के पिता) ने इनको अपना सहायक रख लिया क्योंकि मैंडोलिन बजाने में इनका कोई सानी नहीं था। कुछ समय के बाद वो हनुमान प्रसाद के सहायक बन गये। इनकी संगीतबद्ध फ़िल्म 'गाली' (1944) के 'आज जले दिलो ने ली' और 'अब आ जा दिल ना लगे' गीत निर्मला देवी (गोविन्दा की माँ) ने गाये थे 'दोस्ती' (1944) फ़िल्म में इन्होंने स्वतन्त्र रूप से संगीत दिया जो हिट रही उसमें नूरजहाँ ने भी गाना गाया था, 'कोई प्रेम दे ना सन्देश'।

'रुस्तम सोहराब' (1963) बहुत ही मशहूर फ़िल्म थी। सुरय्या द्वारा गाया गाना /ये कैसी अजब दास्तां हो गयी' और 'फिर तुम्हारी याद आयी ऐ सनम' जो तलत महमूद और रफ़ी तथा मन्ना डे ने गाया था आज भी उतना ही दिलकश है। इनकी संगीत रचना अत्यन्त कठिन बन्दिश में होती थी जो कि हर किसी के बस की बात नहीं है।

इनका हर किसी से मतभेद हो जाया करता था। जब शौकत रिज़वी ने (दोस्त) के गीतों का क्रेडिट अपनी पत्नी नूरजहाँ को दिया तब इन्होंने हमेशा के लिए शौकत हुसैन से किनारा कर लिया। फ़िल्म 'संगदिल' (1952) के गीतों की रेकॉर्डिंग में इनका दिलीप कुमार से भी मतभेद हो गया। दिमाग़ इनका इतना गरम था कि तलत महमूद को गलत महमूद और किशोर कुमार को शोर कुमार कहते थे।

और तो और के. आसिफ़ से भी मनमुटाव हो गया और 'मुगले-आज़म' (1960) इनके हाथ से निकल गयी जो बाद में नौशाद अली को संगीत के लिए मिली।

ख़्वाजा ख़ुर्शीद अनवर (ख़्वाजा साहेब)

(1912-1984)

ख्वाजा खुर्शेद अनवर इनका जन्म मियाँवाली में 1912 को अपने नाना खानबहादुर डॉ. शेख अता मुहम्मद के यहाँ हुआ जिनकी बड़ी लड़की की शादी डॉ. मोहम्मद इक़बाल से हुई थी। इनके पिता ख़्वाजा फ़िरोज़ुद्दीन अहमद लाहौर के जाने-पहचाने बैरिस्टर थे फिर भी वहाँ संगीत की महफ़िल जमती रहती थी। इसी वजह से इनमें संगीत का शौक़ पैदा हुआ।

ख़ुर्शीद अनवर पढ़ने में इतने तेज़ थे कि 1935 में इन्होंने फिलॉसफ़ी में एम.ए. किया और गवर्नमेंट कॉलेज में टॉप किया।

चूँकि संगीत से बेहद लगाव था इसलिए 1934 में ऑल इण्डिया रेडियो में कार्यक्रम प्रोड्यूसर के तौर पर नौकरी करनी आरम्भ कर दी। इन्होंने अपने संगीत सफ़र की शुरुआत कारदार की पंजाबी फ़िल्म 'कुड़माई' (1941) से की। इनकी पहली हिन्दी फ़िल्म 'इशारा' (1943) थी। इस फ़िल्म का एक गाना 'पनघट पे मुरलिया बाजे' जो सुरैया ने गाया तथा 'दिल ले के दग़ा नहीं देना' जो वत्सला कुमठेकर ने गाया बहुत मशहूर हुए। 'परख' (1944) का संगीत इन्होंने सरस्वती देवी के साथ दिया था। इसी तरह 'यतीम' (1945), 'आज और कल' (1947), 'पगडण्डी' (1947), 'परवाना' (1947) जो कि के.एल. सयगल की आख़िरी फ़िल्म थी का संगीत भी इन्होंने दिया। इसके बाद फ़िल्म 'शृंगार' (1949) आयी और उनको बेस्ट म्यूज़िक डायरेक्टर का पुरस्कार प्राप्त हुआ।

आपको जानकर शायद आश्चर्य होगा कि 'रोशन' (रोशनलाल नागरथ) और 'शंकर' (शंकर-जयकिशन) इनके चेले थे। 'निशाना' (1950), 'नीलम परी' (1952) उनकी भारत में आख़िरी फ़िल्में थीं। उसके बाद वो पाकिस्तान चले गये।

पाकिस्तान में उनकी पहली फ़िल्म थी 'इन्तज़ार' (1956)। चूँकि पाकिस्तानी फ़िल्म उद्योग अभी बाल अवस्था में था इसलिए इनकी माँग पाकिस्तान में अचानक बढ़ गयी। वहाँ 'मिर्ज़ा साहेबा' (1956), 'ज़ेरे-इश्क' (1958), 'झूमर' (1959), 'कोयल' (1959), 'अयाज़' (1960), 'घूँघट' (1962), 'हीर राँझा' (1970), का संगीत सुपरहिट हुआ। उनकी आख़िरी फ़िल्म 'मिर्ज़ा जट' (1982), थी।

सुरैया के गाये हुए दो गाने 'परवाना' (1947) जो डी. एन. मधोक ने लिखे थे इन 'पापी पपीहे पी पी न बोल' और 'जब तुम ही नहीं अपने दुनिया बेगानी है' आज भी याद किये और गुनगुनाये जाते हैं।

खुर्शीद अनवर हालाँकि पाकिस्तान चले गये थे फिर भी बॉलीवुड ने (1982) में इनको 'मोर्टल मैन इमोर्टल मेलोडीज़' के पुरस्कार से सम्मानित किया। पाकिस्तान ने भी इनको 'सितारा-ए-इम्तियाज़' (1980) और 'निगार अवार्ड' (1962) से सम्मानित किया।

तिमिर बरन

(1904-1987)

'देवदास' (1935), 'पुजारिन' (1936), 'अधिकार' (1938), 'लक्ष्मी' (1940), 'सुहाग' (1940), 'दीपक' (1940), 'कुमकुम द डांसर' (1940), 'सम्पत्ति' (1949), राज नर्तकी' (1941), 'अमर सैगल' (1955), 'बादबान' (1954)। आदि फ़िल्मों को संगीत देनेवाले तिमिर बरन का जन्म 10 जुलाई 1904 में कलकता में हुआ और 29.3.1987 को कलकत्ता में ही देहान्त हुआ। इनका पूरा नाम तिमिर बरन भट्टाचार्य था।

फ़िल्म 'देवदास' (1936) का गाना 'बालम आन बसे मेरे मन में' जो के.एल. सयगल ने गाया और उन्हीं पर फ़िल्माया गया। की ताज़गी में अब तक कोई कमी आयी है। इस गीत को लिखा था केदार शर्मा और संगीतबद्ध किया था तिमिर बरन ने।

'बादबान' (1954) का संगीत तिमिर बरन ने एस.के. पाल के साथ मिलकर दिया। ये बॉम्बे टॉकीज़ का प्रोडक्शन था।

तिमिर बरन को बचपन से हारमोनियम और सितार बजाने का शौक़ था जो उन्होंने उस ज़माने के हारमोनियम और सितारवादक राजेन्द्र लाल से सीखा था। उनकी मुलाक़ात रवीन्द्रनाथ टैगोर से भी हुई थी। बैंजो बजाने का भी उनको शौक़ था। उस्ताद आमिर ख़ाँ से इन्होंने सरोद बजाना सीखा।

उदय शंकर के बैले के लिये तिमिर बरन संगीत दिया करते थे।

न्यू थिएटर्स, कलकत्ता ने अच्छे-अच्छे फ़िल्मी सितारे दिये जैसे कि पृथ्वीराज कपूर, के.एल. सयगल, पहाड़ी सान्याल, के.एन. सिंह, त्रिलोक

कपूर, असित सेन आदि वैसे ही रायचंद बोराल, पंकज मलिक, तिमिर बरन जैसे संगीतकार दिये जिनके स्वरबद्ध किये गाने आज भी अमर हैं। मशहूर संगीतकार (महल) खेमचन्द प्रकाश तिमिर बरन के सहायक थे।

'देवदास' (हिन्दी) का संगीत तिमिरबरन ने दिया और के.एल. सयगल जो इसके हीरो थे, भारत के पहले सुपरस्टार बन गये। 'देवदास' (बांग्ला) का संगीत दिया था रायचंद बोराल ने। कहते हैं कि इस फ़िल्म के दो गानों 'बालम आन बसे मोरे मन में' तथा 'दुख के दिन अब बीतत नाहीं' की धुन स्वयं के.एल. सयगल ने बनायी। बाक़ी गानों की धुन तिमिर बरन ने बनायी

'धरम पत्नी' (1940) नामक तेलुगु फ़िल्म का संगीत भी इन्होंने दिया।

नेताजी सुभाष के कहने पर इन्होंने वन्देमातरम् की कोरस में धुन बनायी जो बाद में सिंगापुर के रेडियो में प्रसारित की गयी।

अपने आख़िरी दिनों में वो शान्ति निकेतन के संगीत विभाग का काम देखते थे।

इस अत्यन्त प्रतिभाशाली सरोदवादक सिम्फोनी तज्ञ तथा बेले संगीतकार का निधन 83 साल की उम्र में 29 मार्च, 1987 को में हुआ।

साभार– https://en.wikipedia.org/wiki/Pukar_(1939_film)

मीर साहेब

मीर साहेब का संगीतकार के रूप में कार्यकाल सन् 1939 से 1945 रहा। इस दौरान उन्होंने जिन फ़िल्मों में संगीत दिया वे थीं– 'डायवोर्स' (1936), 'जेलर' (1938), 'पुकार' (1939), 'मैं हारी' (1942), 'सिकन्दर' (1941), 'फिर मिलेंगे' (1942), 'लाल हवेली' (1944), 'लहरी कैमरामैन' (1944), 'पत्थरों का सौदागर' (1944), ज़ीनत' (1945), 'कल की बात' (1937)।

'जेलर' जो 1938 में आयी। इसके डायरेक्टर सोहराब मोदी थे।

'ज़ीनत' (1945), एक ऐसी फ़िल्म थी जिसमें तीन संगीतकारों ने काम किया। बैकग्राउंड म्यूजिक रफ़िक़ गज़नवी ने और फ़िल्म के गीतों को संगीत मीर साहेब ने दिया। ये फ़िल्म उस ज़माने की अत्यन्त सफल फ़िल्म थी जिसके डायरेक्टर शौकत हुसैन रिज़वी (नूरजहाँ के पति) थे और स्वयं नूरजहाँ ने हीरोइन की भूमिका अदा की थी। इसकी क़व्वाली 'आहें न भरी शिकवे न किये कुछ भी जुबो से न काम लिया' शायद पहली फ़िल्मी क़व्वाली थी जो आज भी उतनी ही ताज़गी से भरी हुई है। इस क़व्वाली को ज़ोहराबाई अम्बालावाली, नूरजहाँ और कल्याणी ने गाया था। इस क़व्वाली को लिखा नक्शव जराचवी ने। इसका संगीत हाफ़िज़ खान ने दिया था। चूँकि इस फ़िल्म में तीन म्यूज़िक डायरेक्टर थे तो ये कहना ग़लत नहीं होगा कि मीर साहेब का भी इस क़व्वाली में योगदान रहा हो।

यहाँ पर 1939 में आयी फ़िल्म 'पुकार' का ज़िक्र करना बहुत ज़रूरी है। ये फ़िल्म उस दौर की सबसे सफल फ़िल्म थी। इसके डायरेक्टर व प्रोड्यूसर भी थे सोहराब मोदी और संगीत दिया था मीर साहेब ने।

चन्द्रमोहन ने जहाँगीर का तथा सरदार अख़्तर ने (महबूब की पत्नी न) रामी धोबन का रोल निभाया। यह फ़िल्म सोहराब मोदी ने मिनर्वा मूवीटोन के बैनर तले बनायी थी। नसीम बानो ने नूरजहाँ का रोल अदा किया था। इस फ़िल्म के भी दो संगीतकार थे। एक थे एस. फर्नान्डिस और मीर साहेब। स्वयं सोहराब मोदी ने सरदार संग्राम सिंह का रोल किया था।

जहाँ तक गानों का सवाल है 'ज़िन्दगी का साज़' स्वयं नसीम बानो ने गाया है, लिखा है कमाल अमरोही ने और संगीत दिया मीर साहेब ने। एक और गीत 'तुम बिन हमारी' गाया है शीला ने लिखा है कमाल अमरोही ने तथा संगीत दिया है मीर साहेब ने। ये दोनों गाने भी उस ज़माने में हिट गाने थे। इसी तरह शीला का गाया गीत 'गीत सुनो वे गीत' भी लोगों की ज़ुबाँ पर था। एक समूह गीत जो नसीम बानो तथा सरदार अख़्तर ने गाया 'सांवर वाला ला वही' एक बहुत अच्छा समूह गीत था और उसका पिक्चराइजेशन भी बहुत अच्छा था। कुल मिलाकर इस फ़िल्म की अपार सफलता में मीर साहेब का संगीत का भी बड़ा योगदान रहा है।

'सिकन्दर' (1941) का गाना 'उठ जाग जवानी आती है' जिसे गाया मेनका बार्द ने, संगीत दिया मीर साहेब और बैकग्राउंड संगीत दिया रफ़िक गज़नीवी ने। इस फिल्म को सोहराब मोदी ने मिनर्वा मूवीटोन के बैनर तले बनायी। इसकी कहानी, संवाद तथी गीत लिखे पं. सुदर्शन ने। सोहराब मोदी, पृथ्वीराज कपूर और वनमाला इस के कलाकार थे।

एस.एन. त्रिपाठी
(श्रीनाथ त्रिपाठी)

(1913-1988)

कौन भूल सकता है उस गीत को 'ज़रा सामने तो आओ छलिये छुप छुप छलने में क्या राज़ है', फ़िल्म थी 'जनम जनम के फेरे याने सती अन्नपूर्णा (1957)। इस गाने में बाँसुरी तथा शहनाई का चाहे कुछ क्षण के लिए इस्तेमाल किया गया है मगर है कमाल का। इस गीत को लिखा था पं. भरत व्यास ने और गाया था लता मंगेशकर तथा मोहम्मद रफ़ी ने। यह फ़िल्म 1957 में आयी। उस साल बिनाका गीत माला में यह गाना सर्वोत्तम पायदान पर था। आते ही इस फ़िल्म के गाने ने दर्शकों को अपनी ओर आकर्षित किया और वो आकर्षण आज भी क़ायम है। इस फ़िल्म की विशेषता यह थी कि इसमें मनहर देसाई, निरुपा रॉय के साथ स्वयं एस. एन. त्रिपाठी ने भी भूमिका निभाई और साथ में गीतकार भरत व्यास के भाई बी.एम. व्यास ने भी काम किया। एस.एन. त्रिपाठी का जन्म 14 मार्च 1913 को बनारस में हुआ।

एस.एन. त्रिपाठी असल में थ्री-इन-वन थे। वे एक अच्छे संगीतकार तो थे ही जिनको शास्त्रीय संगीत का गहरा ज्ञान था और उनकी धुनें भी शास्त्रीय रागों पर आधारित हुआ करती थीं। साथ में वे एक अच्छे कलाकार (ज़्यादातर हनुमान का रोल निभाया) और पौराणिक फ़िल्मों के दिग्दर्शक, लेखक भी थे। त्रिपाठी लगभग 170 फ़िल्मों से जुड़े रहे।

1936 से कितनी ही फ़िल्मों में उन्होंने काम किया किसी के डॉयलाग लिखे, किसी को डायरेक्ट किया। मगर ज़्यादातर फ़िल्मों को उन्होंने संगीत दिया। जिन फ़िल्मों को संगीत दिया उनमें हैं 'महा सती तुलसी' (1965), 'श्री रामभक्त हनुमान' (1965), 'सम्पूर्ण तीर्थयात्रा' (1983), 'जहाँ बहे गंगा की धार' (1983), 'सती अनुसूया' (1982), 'सती सावित्री' (1981), 'जंबु' (1980), 'जय गणेश' (1978) (में हीरो, कहानीकार तथा संगीतकार भी)। 'जय महाबली' (1978), 'जय अम्बे माँ' (1977), 'नाग चम्पा' (1976), 'गब्बर सिंह' (1976), 'तू ही काली तू ही दुर्गा' (1976), 'श्री राम हनुमान युद्ध' (1975), 'सुभद्रा हरण', 'हरे कृष्ण' (1974), 'बाल महाभारत' (1973), 'विष्णु पुराण' (1973), 'नाग मेरे साथी' (1873), 'महाशिवरात्री' (1972)। 1971 में इनकी चार फ़िल्में आयीं। माया बाज़ार, वीर छत्रसाल, ब्रह्मा विष्णु महेश तथा कोई गुलाम नहीं। 'श्री कृष्ण लीला' (1970) की कहानी तथा संवाद भी इन्होंने ही लिखे। इस तरह और कई फ़िल्में हैं जिनका संगीत इन्होंने दिया। इनकी पहली फ़िल्म 'चन्दन' थी जो 1941 में आयी जिसमें इन्होंने पहली बार स्वतन्त्र रूप से संगीत दिया।

उनकी चार फ़िल्मों का ज़िक्र करना ज़रूरी है। 'रानी रूपमति' (1959), 'वीर दुर्गादास' (1960), 'लाल किला' (1960) और 'पिया मिलन की आस' (1961)। अगर एस.एन. त्रिपाठी इन चार फ़िल्मों तथा 'जनम जनम के फेरे' यानी कि कुल पाँच फ़िल्मों में संगीत देकर अवकाश प्राप्त कर लेते तो भी इतने ही प्रसिद्ध होते। इन फ़िल्मों का संगीत तथा गीत अपने दौर में अत्यंत लोकप्रिय हुए। 'रानी रूपमती' का 'आ लौट के आजा मेरे मीत' भरत व्यास का लिखा, मुकेश व लता मंगेशकर का गाया तथा भारत भूषण व निरुपा रॉय पर फ़िल्माया गया गीत आज तक कर्णप्रिय है। इसी तरह 'लाल किला' (1960) की बहादुर शाह ज़फ़र की ग़ज़ल 'न किसी की आँख का नूर हूँ' जो रफ़ी ने गाया भला कौन भूल सकता है जिसमें ऑरकेंस्ट्रा का कोई शोर नहीं है। शब्द तथा भाव को प्रधानता दी गयी है। 'वीर दुर्गादास' (1960) का राजस्थानी भाषा में भरत व्यास का

लिखा तथा जयराज व निरुपा रॉय पर भी फ़िल्माया गाना 'थाने काजळियो बणालूँ थानै नैना में रमालूँ' कालजयी गाना है। त्रिपाठी जी को राजस्थान के लोक संगीत की भी गहन जानकारी थी तथा पं. भरत व्यास से उनकी ट्यूनिंग अद्‌भुत थी।

'पिया मिलन की आस' (1961) को तो निर्देशित भी एस.एन. त्रिपाठी ने किया था मुख्य भूमिका में थे मनोज कुमार तथा अमिता। इस फ़िल्मं 'पिया मिलन की आस रे मोहे पिया मिलन की आस' में सितार तथा शहनाई का कमाल का समन्वय है।

ये विडम्बना ही है कि ऐसे प्रतिभाशाली संगीतकार को ज़्यादातर पौराणिक फिल्में ही मिलीं। सामाजिक और पारिवारिक फ़िल्मों में वह जगह न मिली जिसके वो हक़दार थे।

23 मार्च 1988 को इस गुणी संगीतकार का मुम्बई में निधन हो गया।

लाला असर सत्तार

नाम पढ़ कर ऐसा लगता है मानो एक ही व्यक्ति का नाम है मगर ये तीन व्यक्ति थे जो इस नाम से हिन्दी फ़िल्मों में संगीत दिया करते थे। ये शायद पहले तीन व्यक्ति थे हिन्दी फ़िल्मों मं जो तीन होते हुए भी एक लगते थे। लाला गंगवाणे, असर और सत्तार ख़ान।

लाला ढोलक तथा तबला बजाने में प्रवीण थे और असर तबला बजाने में वे सारे संगीतकारों के यहाँ तबला बजाते थे ख़ासकर सी. रामचन्द्र, शंकर-जयकिशन, एस.डी. बर्मन (ये बात और है कि एस.डी. बर्मन सामता प्रसाद को चाहते थे) नौशाद, मदन मोहन। अरस निसार वज़्मी तथा ए. आर. कुरैशी के असिस्टेंट रहे। सत्तार ख़ान ओ.पी. नैय्यर की पहली पसन्द थे को भी तबला तथा ढोलक के अच्छे बजाने वालों में थे।

इनका कार्यकाल 1965 में आयी फ़िल्म 'संग्राम' से शुरू होता है। इस फ़िल्म के लगभगर सारे गाने प्रसिद्ध हुए थे। इसी साल इनकी एक और फ़िल्म 'जहाँ सती वहाँ भगवान' भी पर्दे पर आयी। इन फ़िल्मों में लता मंगेशकर ने भी स्वर दिया। इनका दुर्भाग्य था कि इनको बी ग्रेड फ़िल्में ही मिलीं। इन दो फ़िल्मों के बाद असर अलग हो गये मगर लाला और सत्तार ख़ान दोनों मिल कर संगीत देने लगे। इनको अक्सर जो फ़िल्में मिलीं वे स्टंट फ़िल्में थीं ज़्यादातर गाने कमल बारोट ने गाये थे।

'जहाँ सती वहाँ भगवान' का गाना 'आजा मेरे मीत' जो अनिता गुहा पर फ़िल्माया गया था तथा जिसे लिखा था मधुकर राजस्थानी तथा वी.डी. मिश्रा ने, बहुत मशहूर हुआ। बाद की फ़िल्में थीं 'शमशीर' (1967),

'अरेबियन नाइट्स' (1967), 'वतन से दूर' (1968), 'चालबाज़' (1969), 'सात सवाल' (1971)।

'संग्राम' (1965) का गीत 'मैं तो तेरे हसीन ख़यालों में खो गया' को लिखा था ऐश कंवल ने, गाया था रफ़ी ने और फ़िल्माया गया था दारा सिंह पर,।

वैसे ही लता मंगेशकर द्वारा गाया और गीतांजलि पर फ़िल्माया गया 'हो मस्ती में डोले जिया' अपने मधुर संगीत के कारण आज तक प्रसिद्ध है।

रामलाल
(रामलाल चौधरी)

हमेशा प्रतिभा ही आपको ऊँचाई पर ले जायेगी ऐसा नहीं होता। आपका भाग्य भी ज़रूरी है। ये बात संगीतकार रामलाल (रामलाल चौधरी) पर लागू होती है। 'सेहरा' (1963), 'गीत गाया पत्थरों ने' (1964)। ये दोनो फ़िल्में राजकमल प्रोडक्शन की वी. शान्ताराम द्वारा निर्मित व निर्देशित थीं। इनके गाने जब ब्रॉडकास्ट हुए तो लोग स्तब्ध रह गये। ये भी कहा जाता है कि रामलाल वी. शान्ताराम से करार से बँधे हुए थे और चाह कर भी दूसरों के लिए संगीत नहीं दे सकते थे। ये भी एक कारण हो सकता है उनको फ़िल्में न मिलने का या फिर फ़िल्म स्वीकार न करने का।

रामलाल 1944 में बनारस से मुम्बई काम की तलाश में आये। वे शहनाई व बाँसुरी बजाने में अत्यन्त प्रवीण थे। राम गांगुली पृथ्वी थिएटर में संगीत देते थे। रामलाल उनके असिस्टिंट बने। 80 रुपया महीना उन्हें वहाँ मिलता था। 'आग' फ़िल्म में शहनाई तथा बाँसुरी इन्होंने बजायी। फिर 150 रुपये महीने हुआ। वी. शान्ताराम उनको दो सौ रुपये महीने पर अपने साथ ले गये।

'आग' फ़िल्म (1945) का गाना 'ज़िन्दा हूँ इस तरह कि ग़मे ज़िन्दगी नहीं' मुकेश ने गाया है तथा बहजाद लखनवी ने लिखा है, इसमें बाँसुरी रामलाल ने तथा तबला शंकर ने (शंकर जयकिशन) और आर्गन् जयकिशन (शंकर जयकिशन) ने बजाया है। इसी फिल्म का गाना 'देख चाँद की ओर' में पहली बार रामलाल ने बाँसुरी बजायी।

'गूँज उठी शहनाई' (1959) फ़िल्म का संगीत दिया वसन्त देसाई ने मगर शहनाई बजाई बिस्मिल्ला ख़ान तथा रामलाल ने। ज़्यादा शहनाई इन्होंने ही बजाई मगर नाम हमेशा जुड़ा बिस्मिल्ला खान का।

लगभग सभी संगीतकारों के यहाँ इन्होंने शहनाई तथा बाँसुरी बजाई। रामलाल को स्वतन्त्र रूप से संगीत निर्देशन का पहला मौक़ा दिया पी.एल. सन्तोषी ने। 'ताँगावाला' (1950) फ़िल्म में राज कपूर वैजन्तीमाला इसमें मुख्य भूमिका में थे मगर फ़िल्म 1950 में नहीं बन पायी। गाने ज़रूर रेकॉर्ड हो चुके थे। वे गाने 'हुस्नबानो के लिये, लिये गये जैसे 'या नहीं सलाम लैका', तथा 'प्यार करने का आया ज़माना' लता मंगेशकर ने गाया।

'गीत गाया पत्थरों ने' (1965) राजकमल कलामन्दिर (द्वारा निर्मित) वी. शान्ताराम की फ़िल्म थी। जितेन्द्र की भी हीरो के रूप में पहली फ़िल्म थी तथा शान्ताराम की पुत्री राजश्री इसमें हीरोइन थी। इस फ़िल्म के भी सारे गीत हिट थे। ख़ास तौर पर किशोरी आमोनकर जो कि क्लासिक गायिका थी; का गाना 'गीत गाया पत्थरों ने' कौन भुला सकता है। चूँकि शान्ताराम को संगीत की बड़ी सूझ थी, उन्होंने रामलाल से अच्छे से अच्छा काम लिया। सी.एच. आत्मा द्वारा गाया गाना 'मंढवे तले गरीब के दो धूल खिल रहे' हैं' और आशा भोंसले द्वारा गाया गीत 'तेरे ख़यालों में हम'। फिर भी जो काम रामलाल को इस फ़िल्म के बाद मिलता था; नहीं मिला। 'नकाबपोश' और 'नाग लोक' इतनी कामयाब नहीं रहीं। फ़िल्म निर्माण के क्षेत्र में उतरे तो साठ हज़ार का घाटा खाया फ़िल्म नहीं बनी वो फ़िल्म थी 'त्यागी'। कभी-कभी तो लगता है वी. शान्ताराम ने इस हीरे को तराश मगर कहीं-कहीं लगता है अनुबन्ध में बाँधकर उनको और फ़िल्मों में चान्स न मिलने के भी जिम्मेवार वी. शान्ताराम ही थे।

नौशाद, सी. रामचन्द्र, वसन्त देसाई, आर.सी. बोरात, गुलाम मुहम्मद के साथ भी इन्होंने काम किया।

इन्होंने 18-20 फ़िल्मों में स्वतन्त्र संगीतकार के रूप में अपना संगीत दिया जैसे 'नकाबपोश', 'माया मछिन्दर' जो कम बजट की फ़िल्में थीं।

रामलाल ने 'सेहरा' (1963) फ़िल्म को जो संगीत दिया कमाल का था ख़ास तौर पर 'पंख होते तो उड़ आती रे रसिया ओ जालमा' लता मंगेशकर का गाया गाना था। लिखा था हसरत ने। इस गाने में लता जी का 'आलाप

आ...आ...' बहुत अद्‌भुत था। इस गाने में जलतरंग का इस्तेमाल भी कमाल का है। वैसे भी जलतरंग का इस्तेमाल संगीतकारों ने बहुत कम किया है। दूसरा गाना मो. रफ़ी द्वारा गाया 'तकदीर का फसाना जाके किसे सुनायें' भी अत्यन्त प्रसिद्ध हुआ था।

कन्नड़ फ़िल्मों में भी इन्होंने संगीत दिया वहाँ इनको 'रामलाल सेहरा' कहा जाता था।

'नवरंग' (1959) फ़िल्म के गाने 'तू छुपी है कहाँ' जिसे लिखा भरत व्यास ने सी. रामचन्द्र के संगीत में वी. शान्ताराम ने बनाई के गाने में शहनाई तथा बाँसुरी रामलाल ने ही बजाई है।

ऐसे प्रतीभाशाली संगीतकार का सन् 2007 में निधन हो गया।

नाशाद, शौकत हैदरी, शौकत अली हाशमी

(1923-1981)

नाशाद एक ऐसे संगीतकार थे जिन्होंने तीन नामों से फ़िल्मों में संगीत दिया। नाशाद का जन्म दिल्ली में 11 जुलाई, 1923 को हुआ। शुरुआती पढ़ाई दिल्ली में करने के बाद वे मुम्बई 1940 के आसपास आये। शुरू में उन्होंने फ़िल्मी संगीत शौकत देहलवी के नाम से दिया। इनकी पहली फ़िल्म 'दिलदार' थी जो सन् 1947 में आयी। 'जीने दो' (1948) में आयी। 'पायल' (1948) में इसी नाम से संगीत दिया। 1948 में फ़िल्म आयी 'टूटे तारे'। इन सारी फ़िल्मों में में संगीत शौकत अली देहलवी के नाम से ही दिया। नाशाद जन्म का नाम शौकद अली हाशमी था।

1949 में याकूब की फ़िल्म 'आईये' में नाशाद ने संगीत शौकत अली हाशमी के नाम से दिया। शौकत अली से नकशव जरायचवी ने फ़िल्म 'दादा' जो कराची (1955) में दिखाई गयी माना कि इसका संगीत शौकत अली हैदरयी के नाम से था मगर इनका नाग नाशाद से प्रदर्शित किया गया।

'टूटे तारे' (1948) फ़िल्म उमर ख़य्याम फ़िल्म के बैनर तले ये शेख़ मुख़्तयार ने बनाई, का एक गाना जो कि बहादुर शाह ज़फर की ग़ज़ल 'ना किसी की आँख का नूर हूँ' सारे भारत में प्रसिद्ध हुई। इसी ग़ज़ल को एस.एन. त्रिपाठी ने फ़िल्म 'लाल क़िला' में रफ़ी से भी गवाया वो भी बहुत प्रसिद्ध हुई थी। टूटे तारे फ़िल्म के डायरेक्टर नक्शब जरायचवी थे।

शौकत देहलवी से शौकत अली से नाशाद तक आने का एक क़िस्सा बड़ा मशहूर है। उस वक़्त के मशहूर डायरेक्टर नकशव जराचवी ने फ़िल्म 'नग़्मा, के लिये नौशाद अली से सम्पर्क किया। नौशाद ने किसी वजह से फ़िल्म में संगीत देने से मना कर दिया। इस बात पर जरायचवी इतने चिढ़ गये कि शौकत अली को इस फ़िल्म का संगीत देने के लिए अनुबन्धित किया और उसका नाम रख दिया नाशाद ताकि नौशाद और नाशाद में लोग भेद न कर सकें। इस फ़िल्म में नादिरा और अशोक कुमार मुख्य भूमिका में थे।

अगली फ़िल्म अमरनाथ की 'बारादरी' थी जो 1955 में आयी। मुख्य भूमिका में थे अजीत, गीताबाली और प्राण। इसके डायरेक्टर थे के. अमरनाथ। गाने लिखे थे ख़ुमार बाराबंकी वी ने। इस फ़िल्म का एक गाना 'तसवीर बनाता हूँ तसवीर नहीं बनती' जो कि तलत महमूद ने गाया था इतना प्रसिद्ध हुआ कि तलत के गाये गानों में वो आज भी अच्छे गाने के तौर पर शुमार होता है। वैसे तो इस फ़िल्म के गानों को स्वर मुहम्मद रफ़ी, लता मंगेशकर, मुबारक बेगम, शमशाद बेगम ने भी दिया। दूसरा गाना 'भुला नहीं देना जी भुला नहीं देना' लता मंगेशकर तथा मोहम्मद रफ़ी ने गाया है। आज भी सुनने को जी करता है। इस फ़िल्म के संगीत के बाद नाशाद फ़िल्म इंडस्ट्री पर छा गये। नाशाद नाम रखना एक तरह से नुक़सानदायक ही रहा। लोग नाशाद की तुलना नौशाद से करने लगे।

नाशाद ने 1947 से 1965 तक भारत की फ़िल्मों में संगीत दिया जिसमें प्रमुख थीं 'दिलदार' (1947), 'टूटे तारे' (1948), 'दादा' (1949), 'नग़्मा' (1953), 'बारादरी' (1955), 'जल्लाद' (1956), 'महफ़िल' (1956), 'फ्लाईंग मैन' (1965) जो भारत में बनी आख़िरी फ़िल्म थी जो उनके पाकिस्तारन 1964 जाने के बाद प्रदर्शित हुई।

असल में पाकिस्तान नाशाद नक्शब जरायचवी की सलाह पर गये। इन्होंने वहाँ पर गुलाम हैदर, निसार वहामी के साथ शुरू-शुरू में काम किया। सबसे पहले इन्होंने ही रूना लैला को फ़िल्मों में गाने का चान्स दिया। पाकिस्तान में इन्होंने लगभग 17 फ़िल्मों का संगीत दिया।

एक साक्षात्कार में नाशाद ने कहा कि संगीतकार बनने के लिए साज़ बजाना आना ज़रूरी नहीं बल्कि साजों की ग्रामर का पता होना ज़रूरी है

कि किस साज़ को कहाँ बजाना और कैसे बजाना चाहिए। ख़्वाजा खुर्शीद अनवर को कोई साज़ बजाना नहीं आता था मगर अच्छे म्यूज़िक डायरेक्टर थे। हर सजिन्दा संगीतकार हो ही ये ज़रूरी नहीं।

नाशाद ने कहा है कि वे भारत में रहे मगर उनका मन पाकिस्तान में ही था।

उनके आठ लड़के तथा सात लड़कियाँ थीं। उनकी मृत्यु 14.1.1981 को पाकिस्तान में हुई। उनको वहाँ 2 बार निगार अवार्ड मिले एक 1964 तथा दूसरी बार 1969 में।

नाशाद का ज़िक्र हम इस किताब में इसलिए करना चाहते हैं कि वे पाकिस्तानी संगीतकार थे मगर भारत में रह कर भी उन्होंने अच्छी धुनों से संगीत को सँवारा है।

नाशाद द्वारा फ़िल्म 'अफ़साना' (पाकिस्तान फ़िल्म, 1969) का कम्पोज किया गाना जो कि तस्लीम फ़ाज़ली का लिखा 'खुदा करे मोहब्बत में वो मुकाम आये' आज भारत में भी गाया और सुना जाता है।

सुधीर फड़के

(1919-2002)

हम सब 'ज्योति कलश छलके' फ़िल्म 'भाभी की चूड़ियाँ' (1961) गाना जो पं. नरेन्द्र शर्मा द्वारा रचित और सुधीर फड़के द्वारा संगीत बद्ध गाना नहीं भूले है। सुधीर फड़के का असली नाम राम फड़के था, इनको बाबूजी भी कहते थे, लता मंगेशकर की आवाज़ ने इस गाने को चार चाँद लगा दिये।

सुधीर फड़के का जन्म कोल्हापुर (महाराष्ट्र) में 25 जुलाई, 1919 को हुआ। वो मराठी में गीत गाते थे। उनको मराठी फ़िल्म संगीत का स्तम्भ कहा जाता था। ग. दि. माडगूळकर के गीत रामायण जो कि सारे महाराष्ट्र में अत्यन्त प्रसिद्ध है की धुन सुधीर फड़के ने ही बनाई है। सुगम संगीत के तो फड़के धनी थे। लगभग 50 वर्षों तक इस क्षेत्र में उन्होंने अपना वर्चस्व बनाये रखा। वामन राव पाढ्या से इन्होंने शास्त्रीय संगीत की शिक्षा ली।

हिन्दी फ़िल्मों में भी उन्होंने काम किया और कई फ़िल्मों को संगीत दिया। 1946 से उन्होंने प्रभात फ़िल्म कम्पनी में संगीतकार के रूप में काम करना शुरू किया। इनका फ़िल्म निर्माण में भी हाथ रहा है। जीवन के आख़िरी वक़्त इन्होंने सावरकर पर फ़िल्म बनाई जो जनता के दान की रक़म पर निर्मित थी और इसी फ़िल्म में उन्होंने आख़िरी बार गाया।

उन्होंने लगभग एक सौ ग्यारह फ़िल्मों में संगीत दिया जिनमें से इक्कीस हिन्दी फ़िल्में हैं।

इनके कुछ प्रसिद्ध गाने हैं जैसे 'ज्योति कलश छलके' (भाभी की चूड़ियाँ) राग भोपाली पर आधारित है। इसे गाया लता मंगेशकर ने और पं. नरेन्द्र शर्मा ने लिखा है।

किशोर कुमार का गाया एक गाना जो रेडियो सिलोन पर हर महीने की पहली तारीख़ को सुबह आठ बजे बजता था 'ख़ुश है ज़माना आज पहली तारीख़ है' फ़िल्म 'पहली तारीख़' (1954) से लिया गया है। लिखा था क़मर जलालाबादी ने तथा संगीत दिया सुधीर फड़के ने। 'अजनबी' (1949) इनकी हिन्दी फ़िल्म थी जिसमें मधुबाला ने काम किया था और जिसका निर्माण प्रभात फ़िल्म कम्पनी ने किया था। फ़िल्म 'आगे बढ़ो' (1947) भी प्रभात फ़िल्म कम्पनी ने ही बनाई थी जिसमें देव आनन्द, ख़ुर्शीद तथा कमला कौर ने अभिनय किया था। इसके गाने 'सावन की घटाओ फिर घिरे आना' रफ़ी ने तथा 'सुनो सुनो ऐ नर नारी' मन्ना डे ने गाये तथा 'नैना रसीले मदभरे मैं अलबेली नार' मलिक वर्मा ने बाक़ी गाने स्वयं ख़ुर्शीद ने गाये। इसी फ़िल्म से लोग देव आनन्द को जानने लगे थे।

सुधीर फड़के का निधन 29 जुलाई, 2002 को ब्रेन हैम्रेज से मुम्बई में हुआ। इनके नाम से मुम्बई में एक फ्लाईओवर और एकसड़क का नाम रखा गया है। 1990 में इनको संगीत नाटक के कई पुरस्कार प्राप्त हो चुके हैं। इन को (1991) में अकादमी पुरस्कार से सम्मानित किया गया।

साभार—https://www.imdb.com/title/tt0156950/

बाबुल

'गर्दिश में हो तारे न घबराना प्यारे' फ़िल्म 'रेशमी रुमाल' (1961) मुकेश द्वारा गाया गाना आज भी सुनने को जी करता है। वैसे भी इसी फ़िल्म का एक और गाना 'ज़ुल्फों की घटा लेकर सावन की घटा आयी' मन्ना डे तथा आशा भोंसले द्वारा दिया गया स्वर भला कौन भूल सकता है तथा तलत द्वारा गाया इसी फ़िल्म का गीत 'जब छाये कभी सावन की घटा' तथा 'जलते हैं जिसके लिए' भी इतना ही श्रवणयोग्य है। इस फ़िल्म के संगीतकार थे बाबुल। धुनों में मिठास का कारण ये ये भी मदन मोहन के सहायक के रूप में अपने सहयोगी विपिन के साथ काम कर चुके थे। इस फ़िल्म के मुख्य कलाकार थे शकीला तथा मनोज कुमार। निर्देशक थे हरसुख भट्ट। कम बजट की फ़िल्म होते हुए भी गानों तथा संगीत की वजह से अच्छी चली। इसके गाने लिखे थे राजा मेहदी अली ख़ाँ ने।

एक फ़िल्म 'नक़ली नवाब' (1962) जिसमें मुख्य कलाकार थे अशोक कुमार, मनोज कुमार, शकीला, के.एन. सिंह। इस फ़िल्म के गाने लिखे थे कैफ़ी आज़मी ने और संगीत दिया बाबुल ने। इस फ़िल्म के संगीत और गीत के माधुर्य को संगीतप्रेमी आज तक नहीं भूले। खास तौर पर मो. रफ़ी का गाया गीत 'तुम पूछते हो इश्क बला है कि नहीं है'। बाबुल ने भी विपिन से अलग होकर 'चालीस दिन' (1959) को संगीत दिया, गाने लिखे थे कैफ़ी आज़मी ने 'बैठे हैं हमगुज़र पर दिल का दिया जले' जिसे गाया आशा भोंसले ने, की मिठास आज तक कायम है। 'सारा जहाँ हमारा' (1961) अंजुम शिराजी का लिखा सुमन कल्याणपुर का गाया गाना 'ये फूलों का

गजरा' भी अत्यन्त कर्णप्रिय है। 'मुज़रिम कौन ख़ूनी कौन' (1965) 'जा तुझको दिया दिल हमने' अंजुम जयपुरी द्वारा लिखा सुमन कल्याणपुर द्वारा गाया गीत भी न भुलानेवाला है।

अफ़सोस तो इस बात का है कि विपिन.बाबुल के अलग होने पर भी बाबुल को बी या सी ग्रेड की फ़िल्में मिलने के बावजूद इसके गानों की मिठास में कोई कमी नहीं थी। अगर विपिन-बाबुल अलग न होते तो ये जोड़ी न जाने कितनी प्यारी-प्यारी धुनों और गानों को जन्म देती। काश ऐसा हो जाता।

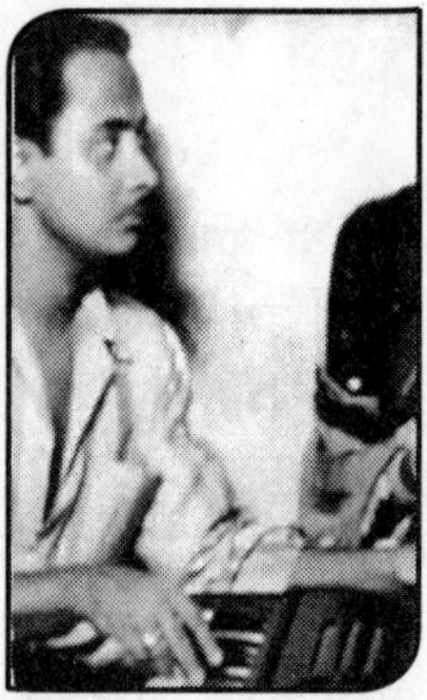

मुकुल रॉय

साल 1958 में एक फ़िल्म आयी थी नाम था 'डिटेक्टिव'। कलाकार थे माला सिन्हा, प्रदीप कुमार और डेज़ी इरानी। इसके वैसे तो सारे गाने हिट थे मगर एक गाना जो शैलेन्द्र ने लिखा और गाया मोहम्मद रफ़ी तथा सुधा मल्होत्रा ने 'आँखों पर भरोसा मत कर दुनिया जादू का खेल है, हर चीज़ यहाँ धोखा हर बात यहाँ बेमेल है' का माधुर्य आज तक क़ायम है। इस गाने की शुरुआत में माउथ ऑर्गन का प्रयोग इतना कर्णप्रिय और यूनिक है कि संगीतकार की जितनी तारीफ़ की जाये, कम है। इस फ़िल्म के संगीतकार थे– मुकुल रॉय, जो प्रसिद्ध गायिका गीता दत्त (जो शादी से पहले गीता रॉय के नाम से गाती थी) के भाई हैं। इस तरह दूसरा गाना जो हेमन्त कुमार तथा गीता दत्त ने गाया तथा शैलेन्द्र ने लिखा 'मुझको तुम जो मिले ये जहान मिल गया' आज भी गुनगुनाया जाता है।

इसी तरह 1950 में फ़िल्म 'भेद' का गाना 'रितु प्यार करने की आयी' जिसे लिखा मधुकर राजस्थानी ने और गाया लक्ष्मी रॉय ने भी अच्छा-ख़ासा मशहूर हुआ था। 'सैलाब' (1956) का-एक दुःखभरा गाना जो मजरूह ने लिखा और गीता दत्त ने गाया 'है ये दुनिया कौनसी, ऐ दिल मुझे क्या हो गया' आज भी उतना ही ताज़ा है जितना कि उस वक़्त था।

मुकुल रॉय ने 1950 में फ़िल्म 'भेद', 'दो बहादुर' (1953), 'सैलाब' (1956), 'डिटेक्टिव' (1958) संगीत दिया। हाँ 'शैतान' (1960) में गीत रेकॉडिस्ट थे।

'सैलाब' (1956) का गाना 'चाँद के आँसू शबनम बनकर बरसे सारी रैन' लिखा मधुकर राजस्थानी ने, जिसे गाया गीता दत्त ने। फ़िल्म

को निर्देशित किया गुरुदत्त ने। आज तक इसकी ताज़गी क़ायम है। इस फ़िल्म के गीतकार थे शैलेन्द्र (शंकरदास केसरी लाल) मजरूह सुल्तानपुरी, हसरत जयपुरी तथा मधुकर राजस्थानी। यानी कि मुकुल रॉय ने उस वक़्त के लगभग सभी गीतकारों के गीतों को संगीत दिया।

जब गीता दत्त तथा गुरुदत्त की एक फ़िल्म अभिनेत्री की वजह से अनबन हो गयी तो मुकुल रॉय ने गीता दत्त को ढाढस ही नहीं दिलाया बल्कि इस विवाद का सुलझाने में भी काफ़ी मदद की। शायद इसी वजह से उनका फ़िल्मी संगीत सफ़र बहुत आगे तक नहीं चल पाया। मुकुल रॉय ने ही सत्येन बोस की फिल्म में भी संगीत दिया।

फ़िल्म 'सैलाब' का ही शैलेन्द्र का लिखा गाना 'आ गयी, आ गयी रात रंग भरी' जो गीता दत्त ने गाया, का संगीत भी बड़ा ही चुलबुला है अत्यन्त श्रवणीय है।

मुकुल रॉय 'पतिता' (1940) हिन्दी फ़िल्म तथा 'कामा हिनेर कहानी' के निर्माता भी थे तथा 'सैलाब (1956) के निर्माता व संगीतकार भी थे।

Baghi Shahzada

साभार– https://www.bollywoodhungama.com/movie/baghi-shehzada/

बिपिन दत्ता

'मैं इस मासूम चेहरे को अगर छू लूँ तो क्या होगा' फ़िल्म 'बाग़ी शहज़ादा' (1964) का गाना जो लिखा नूर देवासीने और गाया मोहम्मद रफ़ी तथा सुमन कल्याणपुर ने और फ़िल्माया किशोर कुमार तथा कुमकुम पर, एक अत्यन्त रोमांटिक गाना है। जिसका संगीत दिया था बिपिन दत्ता ने जो कि पहले बाबुल के साथ मिलकर संगीत देते थे, जिसको लिखा कै इरफान ने। 'मैं हूँ अपनी लगन का मारा जिधर चल पड़ा, चल पड़ा' फ़िल्म थी 'डायमंड किंग' (1961) का गाना जो कि मुकेश ने गाया है संगीतकार थे बिपिन दत्ता। ये भी बता दें बिपिन बाबुल के साथ संगीतकार मदन मोहन के सहायक भी रह चुके हैं। बिपिन ने बाबुल के साथ जो फिल्मों में संगीत दिया वे हैं 'सुल्ताना डाकू' (1956), 'बादल और बिजली' (1956), 'चन्दू' (1958), 'चौबीस घण्टे' (1958), 'क्या ये बम्बई है' (1959), 'डायमंड किंग' (1959), 'रात के राही' (1959), 'बस कंडक्टर' (1959), 'दावत' (1974)

बिपिन दत्ता ने स्वतन्त्र रूप से बाबुल से अलग होने पर 'आलम आरा की बेटी' (1960), फ़िल्म को संगीत दिया। इसकी एक क़व्वाली जो अनवर फ़र्रुख़ाबादी ने लिखी और गायी थी इस्माइल आज़ाद क़व्वाल और साथियों ने। वो क़व्वाली थी 'क्या शान है तुम्हारी हाज़ी मलंग अल्लाह'। इसी तरह एक गाना 'ये नज़राना मुहब्बत का' जो किशोर कुमार तथा कमल बारोट ने गाया, लिखा था नूर देवाससी ने फ़िल्म थी 'बाग़ी शहज़ादा' (1964) बिपिन दत्ता का संगीतबद्ध किया था। इसी फ़िल्म का एक और गीत 'ये ज़िन्दगी

क़रार को तरस रही है' सुमन कल्याणपुर ने गाया था एक मस्ती-भरा गीत था। इसी तरह फ़िल्म 'क्या ये बम्बई है' का गाना 'आज तेरी जीत हो गयी क्या' जिसे गाया आशा भोंसले ने लिखा नूर देवासी ने अत्यन्त चुलबुला गाना है जो निशी पर फ़िल्माया गया है।

कनु रॉय

(1912-1981)

एक ऐसा संगीतकार जिसने बांग्ला तथा हिन्दी फ़िल्मों को संगीत दिया। जिनके साज़िन्दों की संख्या बहुत कम होती थी। साज़िन्दों की संख्या कम रखने की मजबूरी भी थी क्योंकि बहुत बड़े आर्केस्ट्रा का ख़र्चा वे उठा नहीं सकते थे। थोड़े साज़िन्दों को लेकर जो भी संगीत कम्पोज किया वो लाजवाब था। एक ही गाना फ़िल्म 'अनुभव' (1971) का 'मेरी जाँ मुझे मुझे जाँ न कहो' जो लिखा गुलज़ार ने और गाया गीता दत्त ने, इनकी धुनों की मिठास की बानगी पेश करता है। या फिर मन्ना डे के गाये गाने 'फिर कोई फूल खिला' तथा 'आविष्कार' (1973) का गाना 'हँसने की चाह ने कितना मुझे रुलाया है' अपने आप में उदाहरण है कि बिना ऑर्केस्ट्रा के तामझाम के भी अच्छी धुनें बनायी जा सकती हैं; इसका उदाहरण संगीतकार कनु रॉय हैं।

कनु रॉय संगीतकार के अलावा अभिनय में भी दक्ष थे। 'बिसात' (1943), 'महल' (1949), 'जागृति' (1954), 'मुनीम जी' (1955), 'हम सब चोर हैं' (1956), 'तुमसा नहीं देखा' (1957), 'नॉटी वॉय' (1962) तथा 'बन्दिनी' (1963)। इन्होंने अभिनय भी किया है। इनकी आख़िरी फ़िल्म एक्टर के रूप में 'किसी से न कहना' (1983) थी।

संगीतकार के रूप में इन्होंने ज़्यादातर बासु भट्टाचार्य की फ़िल्मों में संगीत दिया। 'उसकी कहानी' (1966), 'अनुभव' (1971), 'आविष्कार' (1973), 'तुम्हारा काकू' (1975), 'अमानुष' (1975), 'वो फिर नहीं आयेगी'

(1981), 'बीबी और मकान' (1966), 'गृह प्रवेश' (1979), 'स्पर्श' (1980) तथा 'श्यामला' (1980) में संगीत दिया। इनमें 'अनुभव' तथा 'आविष्कार' फ़िल्में ही कुछ हद तक सफल मानी गयीं इनका हिन्दी फ़िल्मों का योगदान चाहे थोड़ा था मगर अच्छा था। शुरु में कनु रॉय ने सलिल चौधरी के सहायक के रूप में काम किया।

जब कनू रॉय जवान थे तो एक अच्छे वेल्डर भी थे जिन्होंने हावडा ब्रिज का रिपेयरिंग का काम भी किया।

कनू रॉय आठ या दस साजों को ही प्रयोग में लाते थे। असल में उनको अपना संगीत बेचना नहीं आया।

ऐसा प्रतिभावान संगीतकार अभाव में जन्मा और अभाव में ही 2 दिसम्बर, 1980 को चल बसा।

हंसराज बहल

(1916-1984)

'जहाँ डाल डाल पर सोने की चिड़ियाँ करती हैं बसेरा वो भारत देश है मेरा' इस गाने को राजेन्द्र कृष्ण ने लिखा और संगीत दिया हंसराज बहल ने फिल्म थी 'सिकन्दर-ए-आज़म' (1965)। इस गाने के शब्द और धुन तथा संगीत बेमिसाल है, सितार, शंख और घंटे का संगीत हंसराज ने उस ज़माने के वातावरण को देखकर दिया। इस फ़िल्म को बनाया था था हंसराज बहल के छोटे भाई गुलशन बहल ने। हंसराज बहल का जन्म एक ज़मींदार परिवार में शेख़पुरा के पास (आज का पाकिस्तानी पंजाब) में 19 नवम्बर, 1916 को हुआ। शुरुआती संगीत की शिक्षा इन्होंने पण्डित चुन्नीलाल से ग्रहण की।

अनारकली बाज़ार, लाहौर में हंसराज बहल ने अपना संगीत विद्यालय खोला। एच.एम.वी. ने कुछ ग़ैर-फ़िल्मी गाने रिलीज किये। अपना हिन्दी फ़िल्मों में भाग्य आज़माने के लिये हंसराज बहल 1944 में बम्बई (आज की मुम्बई) आये। उनकी बनी पहली फ़िल्म थी 'पुजारी' (1946) जिसे आर्देशिर इरानी ने निर्देशित किया था। आशा भोंसले तथा ज़ोहराबाई अंबालावाली के साथ 'चुनरिया' (1949) में गाना गाया। संगीतकार थे हंसराज बहल। इसी फ़िल्म में हंसराज बहल ने आशा भोसले को ब्रेक दिया गाना था 'साबन आया'...।

हंसराज बहल को संगीत की अत्यन्त सफल फ़िल्म थी पंजाबी फ़िल्म 'सतलुज दे कंडे' (1964) जिसमें मुख्य भूमिका में थे बलराज साहनी तथा निशी।

हंसराज बहल ने लगभग सभी गीतकारों के साथ काम किया जिनमें प्रमुख थे डी.एन. मधोक, प्रेम धवन, वर्मा मलिक, असद भोपाली, क़मर जलालाबादी, नक़्श लायलपुरी तथा राजेन्द कृष्ण। अपने चालीस साल के फ़िल्मी सफ़र में हंसराज बहल ने लगभग 67 फ़िल्मों को संगीत दिया जिनमें हिन्दी तथा पंजाबी फ़िल्में शामिल हैं। कुछ फ़िल्मों के नाम हैं 'पुजारी' (1946), 'फुलवारी' (1946), 'लच्छी' (1949), 'चुनरिया' (1949), 'राजपूत' (1951), 'मोती महल' (1952), 'दोस्त' (1954), 'राजधानी' (1956), 'मिलन' (1956), 'सतलुज दे कंडे' (1964), 'सिकन्दर-ए-आज़म' (1965), 'दो आँखें' (1974), 'इन्साफ़ का ख़ून' (1988), 'बादशाह' (1979), उनकी अन्तिम फ़िल्म थी जो उनके देहान्त के बाद पर्दे पर आयी।

हंसराज बहल के अत्यन्त सफल गीत 'जहाँ डाल डाल पर सोने के चिड़िया', सिकन्दर-ए-आज़म (1964), 'हाय जिया रोये-रोये', मिलन (1958), 'दे दे मोरा कंगना',-राजधानी (1956), 'पत्थर दिल हो गया', शाह बहराम (1955), जब रात नहीं कटती 'चंगेज़ ख़ान' (1957), 'दिल नाशाद को' चुनरिया (1948), 'किस बात पे'-'ग्वालन' (1946)।

हंसराज बहल का निधन 20 मई, 1984 को हो गया।

एन. दत्ता (दत्ता नाईक)

(1927-1987)

'औरत ने जन्म दिया मर्दों को, मर्दों ने उसे बाज़ार दिया', साधना (1958) या 'मैंने चाँद और सितारों की तमन्ना की थी'– चन्द्रकान्ता (1956), 'तेरे प्यार का आसरा चाहता हूँ'– 'धूल का फूल' (1959) या फिर 'तुम मुझे भूल भी जाओ तो ये हक़ है तुमको' 'दीदी' (1959) ऐसे कितने ही गाने हैं जो एन. दत्ता ने कम्पोज किये हैं। ये ऐसे गाने हैं जो कभी भुलाये नहीं जा सकते या फिर 'धर्मपुत्र' (1961) की क़व्वाली 'मेरे दिलबर मुझ पर ख़फ़ा न हो' आज तक सुनी जाती है।

एन. दत्ता या दत्ता नाईक का जन्म गोवा के एक छोटे से गाँव अरोवाले में 12 दिसम्बर, 1927 को हुआ। 10-12 साल की उम्र में उनको संगीत के शौक़ ने मुम्बई भागने को मजबूर कर दिया। यहाँ पर आकर उन्होंने शास्त्रीय संगीत की शिक्षा ग्रहण की और कुछ समय पश्चात उस समय के सफल संगीतकार गुलाम हैदर के सहायक बन गये। सचिन देव बर्मन ने उनकी प्रतिभा को पहचाना जब वे एक रास्ते के शो में संगीत दे रहे थे और उनको अपना सहायक बना लिया।

एन. दत्ता ने जिन गानों को संगीत दिया उनकी विशेषता थी कि लगभग सारे गानों में कोई न कोई संदेश हुआ करता था। ये एन. दत्ता की क़िस्मत थी कि उनके ज़्यादातर गाने साहिर लुधियानवी ने लिखे। जाँनिसार अख़्तर तथा मजरूह का भी उनको साथ मिला।

एन. दत्ता को पहला मौका फ़िल्म 'मिलाप' (1955) जो राज खोसला ने निर्देशित की थी में, मिला गाने लिखे थे साहिर लुधियानवी ने। एन. दत्ता की विशेषता थी कि वे कम-से-कम वाद्य यन्त्रों का अपने ऑकेस्ट्रा में उपयोग करते थे। गाने के शब्द और भाव को मरने नहीं देते थे।

उनके कुछ सुपरहिट गाने जैसे 'मैं तुमसे ये पूछती हूँ' लता मंगेशकर द्वारा गाया 'ब्लैक कैट' (1959) या फिर 'मैंने चाँद और सितारें की तमन्ना की थी' फ़िल्म 'चन्द्रकान्ता' (1956) या फिर 'अश्कों में जो पाया है' तलत द्वारा गाया गीत, फ़िल्म 'चाँदी की दीवार' (1964) या फिर 'अब वो करम करे' 'मरीन ड्राइव्ह' (1955), 'दामन में आग लगा बैठे' फ़िल्म 'धूल का फूल' (1959) भला इन गीतों को कौन भुला सकता है। 'कहो जी, तुम क्या क्या खरीदोगे' 'साधना' (1958) और सुधा मल्होत्रा से गवाया गाना 'तुम अग़र भूल भी जाओ तो ये हक़ है तुमको' आज तक लोगों की याददाश्त में समाया हुआ है। सुधा मल्होत्रा को गायिका के रूप में दत्ता ने ही मौका दिया तो कोई अतिश्योक्ति नहीं होगी। लगभग 55 फ़िल्मों में इन्होंने संगीत दिया। अन्तिम फ़िल्म 'चेहरे पे चेहरा' (1980) थी।

इस संगीत के धनी संगीतकार का 30 दिसम्बर, 1987 को निधन हो गया।

खेमचन्द प्रकाश (खेमा)

(1907-1950)

खेमचन्द प्रकाश का जन्म सुजानगढ़ (राजस्थान) उस वक़्त की बीकानेर स्टेट में 12 दिसम्बर 1907 को हुआ। आरम्भिक संगीत तथा नृत्य की शिक्षा इन्होंने अपने पिता गोवर्द्धन प्रसाद से प्राप्त की, जो ध्रुपद के गायक तथा कत्थक-नर्तक थे। वे राजा के आश्रित थे और वहाँ पर ही नृत्य तथा गायक के कार्यक्रम किया करते थे। खेमचन्द वहीं पर कार्यक्रम किया करते। कुछ समय बाद वे नेपाल के राजा के आश्रय में चले गये। भाग्य उनको कलकत्ता ले आया और न्यू थियेटर्स में तिमिर बरन के सहायक बन गये जो 'देवदास' (1935) संगीत दे रहे थे। कभी-कभी खेमचन्द गा भी लेते थे और 'स्ट्रीट सिंगर' (1938) एक कॉमेडी गाना भी उन्होंने गाया। गाना था 'लो, खा लो मैडम खाना।' इस फ़िल्म के हीरो थे के.एल. सयगल और संगीत दिया था रायचंद बोराल ने। ये गाना लिखा था आरज़ू लखनवी ने और खेमचन्द प्रकाश के साथ स्वर दिया था मिस रेखा ने।

कलकत्ता से खेमचन्द प्रकाश मुम्बई आ गये और संगीत की शुरुआत फ़िल्म 'मेरी आँखें' और 'सलाउद्दीन' (1939) से की। वे वहाँ रणजीत मोविटोन से जुड़ गये। इस बैनर तले उन्होंने फ़िल्म 'दिवाली', 'होली', 'परदेसी' फ़िल्मों में संगीत दिया तब तक ख़ुर्शीद का नाम एक्टिंग और गानों के रूप में चरम पर था। खेमचन्द प्रकाश की हिट् फ़िल्मों में रणजीत की ही 'तानसेन' (1943) थी हीरो थे के.एल. सयगल। सयगल का गाया

और उन्हीं पर फ़िल्माया गाना 'दिया जलाओ जगमग जगमग' जो सयगल के साथ कमला चटर्जी और ख़ुर्शीद पर फ़िल्माया गया है। गाने लिखे थे डी.एन. मधोक और पं. इन्द्र ने। ये गाना .. दिया जलाओ जगमग जगमग लिखा था पं. इन्द्र ने।

चूँकि तानसेन के ज़माने में खयाल का अस्तित्व नहीं था अतः खेमचन्द प्रकाश ने गाने ध्रुपद पर आधारित किये। ये उनकी जानकारी कलात्मक थी। बाद की तानसेन पर बनी फ़िल्मों में खयाल पर आधारित धुन बनायी जो कि ऐतिहासिक दृष्टि से ठीक नहीं थी।

खेमचन्द प्रकाश ने बॉम्बे टॉकीज जो उस वक़्त की अत्यन्त प्रसिद्ध फ़िल्म कम्पनी थी की फ़िल्म 'जिद्दी' (देव आनन्द की पहली फ़िल्म) में पहली बार किशोर कुमार को गवाया। गाना था 'मरने की दुआएँ क्यों माँगू' तथा लता मंगेशकर द्वारा गाया गाना 'चन्दा रे जा रे जा रे' जो कामिनी कौशल पर फ़िल्माया गया था।

अगले वर्ष यानी कि (1949) में एक ऐसी फ़िल्म आयी जिसने संगीत के क्षेत्र में तथा लता मंगेशकर की गायकी ने तहलका मचा दिया था। वो फिल्म थी 'महल' जिसके निर्माता थे– स्वयं अशोक कुमार और निर्देशित किया था कमाल अमरोही ने। संगीत दिया था खेमचन्द प्रकाश ने। रातोंरात इस फ़िल्म से मधुबाला स्टार बन गयी। ख़ासतौर पर 'आयेगा आनेवाला' इसी गाने से लता मंगेशकर भी फ़िल्माकाश पर छा गयी। कहानी और स्क्रीन प्ले भी कमाल अमरोही का था। इस फ़िल्म के गाने लिखे थे नक़्शव जारचवी ने। फ़िल्म का सम्पादन किया था विमल रॉय ने। इस फ़िल्म के गाने 'मैं वो दुल्हन हूँ (ज़ोहराबाई अम्बालावाली के साथ) और 'ये रात फिर न आयेगी' राजकुमारी ने गाये।

'महल' के बाद के प्रदर्शित होने के दो साल पहले ये पहले संगीतकार थे जिनके कभी नौशाद और बुलो सी. रानी भी सहायक रहे, का निधन 10 अगस्त, 1949 में हरिकिशन दास अस्पताल मुम्बई में लिवर सिरोसिस से केवल 41 साल की उम्र में हो गया। इन्होंने लगभग 39 फ़िल्मों में संगीत दिया। तीन फ़िल्में 'जय शंकर' (1951), 'श्री गणेश नमः' (1951) और

'तमाशा' (1952) में प्रदर्शित हुईं। इनकी कुछ प्रसिद्ध फ़िल्में थीं 'फरियाद' (1942), 'खिलौन' (1942), 'समाज को बदल डालो' (1947), 'सिन्दूर' (1947), 'सावन आया रे' (1949), 'ज़िद्दी' (1948)।

जैसा कि होता आया है कि फ़िल्म इंडस्ट्री में ढलते सूरज को कोई प्रणाम नहीं करता। ढलने के बाद तो याद भी नहीं किया जाता जैसा कि जावेद अख़्तर ने 17 मई, 2012 को राज्यसभा में खेमचन्द प्रकाश के बारे में बोलते हुए कहा कि खेमचन्द प्रकाश की पत्नी को पेट भरने के लिये मालाड स्टेशन पर भीख माँगते देखा गया।

उस्ताद झण्डे ख़ाँ

(1866-1952)

एक ऐसा म्यूज़िक डाइरेक्टर जो दिखने में संगीतकार कम और मौलवी ज़्यादा लगता हो। जो सिर पर साफ़ा पहनता हो, बढ़ी दाढ़ी हो, जो अत्यन्त धार्मिक प्रवृत्ति का हो, जो हालात से समझौता करने में विश्वास नहीं करता हो, जिसने नौशाद अली का पियानो वादन के लिये साक्षात्कार लिया हो और रणजीत स्टूडियो में 40 रुपये माहवार पर रखने की सिफ़ारिश की हो वो और कोई नहीं उस्ताद झण्डे ख़ाँ थे। बोलती फ़िल्मों के शुरुआती दौर में उस्ताद झण्डे ख़ाँ फ़िल्मों में संगीत देने आये। इन्होंने ज़्यादातर रणजीत के लिये फ़िल्मों को संगीत दिया। चार फ़िल्मों का संगीत अजंता मूवीटोन के लिये दिया। 'आँसुओं की दुनिया', (अमृत फ़िल्मस 1936) 'पगली' (1943) महेश्वरी पिक्चर्स के लिये तथा 'शहंशाहे अकबर' कमल रॉय फिल्म के लिये संगीत दिया।

ये कहने में अतिशयोक्ति नहीं होगी अगर कहा जाये कि भारतीय फ़िल्म के संगीत की शुरुआत उस्ताद हंडे ख़ाँ के द्वारा की गयी।

1943 में आयी फ़िल्म 'शहनशाह अकबर' का झण्डे ख़ाँ ने न केवल संगीत दिया मगर गाने भी इन्होंने लिखे और गाये भी झण्डे ख़ाँ ने ही। इस फ़िल्म का एक गाना 'दीपक जो गाये पाये ज्ञान ध्यान' आप सुन सकते हैं, जो शुद्ध क्लासिकल है।

'चित्रलेखा' (1941) के निर्देशन केदार शर्मा थे तथा 'चित्रलेखा' (1964) के भी केदार शर्मा ही थे। 1941 की 'चित्रलेखा' का संगीत उस्ताद

झण्डे ख़ाँ ने तथा गाने लिखे थे केदार शर्मा ने। 'तुम जाओ जाओ भगवान न बने इन्सान बनो तो जाने' उस ज़माने में हर कोई गुनगुनाता था। गीत फ़िल्माया गया था मेहताब पर और शायद गाया भी उन्होंने ही। इस फ़िल्म के सारे गाने राग भैरवी पर आधारित थे। एक और गाना 'जोबन की बगियाँ महकी' भी उस ज़माने में बहुत प्रसिद्ध था।

उस्ताद झण्डे ख़ाँ का जन्म 1866 में जम्मू में हुआ। उस्ताद झण्डे ख़ाँ द्वारा संगीतबद्ध की गयी फ़िल्में 'देवी देवयानी' (1931), 'शैलबाल' (1931), 'सती सावित्री' (1932), 'राधारानी' (1931)। इन फ़िल्मों को निर्देशित किया था चन्दूलाल शाह ने। 'चार चक्रम' (1932) निदैशक जयन्त देसाई। 'परदेसी प्रीतम' (1933) निर्देशक थे नन्दलाल जसवन्त लाल। 'मिस 1933' (1933) निर्देशक चन्दूलाल शाह 'भूलभुलैया' (1933), 'भोला शंकर' (1933) निर्देशन जयंत देसाई 'वार लब्रुबहन' (1934) निर्देशक जयन्त देसाई 'तारा सुन्दरी' (1934) निर्देशक चन्दूलाल शाह 'दुखतरे-हिन्द' (1934) निर्देशक ए.पी. कपूर, 'भारत की बेटी' (1935) निर्देशक प्रेमांकर ओटाथी, इस फ़िल्म के दो गाने तथा बॅकग्राउंड म्युजिक संगीतकार अनिल बिस्वास ने दिया उनमें से एक गाना ' तेरे पुजन को भगवान बना मन मंदिर आली शान' आज कल भी यदा कदा मंदिरों में सुनाई देता है। 'आँसू की दुनिया' (1936) निर्देशक ए.पी. कपूर तथा 'चित्रलेखा' (1941) निर्देशक केदार शर्मा। झण्डे ख़ाँ, नौशाद अली तथा गुलाम मुहम्मद के उस्ताद भी थे। पाकिस्तान बनने पर वे अपने शहर गुजराँवाला (पंजाब) चले गये। वहाँ जाकर उन्होंने कोशिश की कि रेडियो पाकिस्तान में संगीत के क्षेत्र में जायें मगर ऐसा हो नहीं सका और 7 जनवरी, 1952 को झण्डे ख़ाँ का निधन हो गया। जनाज़े में कुछ गिने-चुने लोग ही शामिल थे।

गुलाम मोहम्मद

(1903-1968)

आप शायद जानते होंगे राजकपूर की दूसरी फ़िल्म 'बरसात' (1949) गाना 'बरसात में तुमसे मिले हम सजन' में जो ढोलक बजाया वो किसने बजाया? ढोलक बजाने वाले का नाम था गुलाम मुहम्मद। गुलाम मोहम्मद का जन्म 1903 में बीकानेर (राजस्थान) में हुआ। इनके पिता नबी बक्ष अच्छे तबलावादक थे। गुलाम मोहम्मद तबला बजाने में भी प्रवीण थे।

1924 में मुम्बई आने के बाद जैसा कि होता है लगभग आठ-नौ साल संघर्ष करने के बाद इनको फ़िल्म 'राजा भरथरी' (1932) में तबला बजाने का अवसर प्राप्त हुआ। यहीं पर ही उस्ताद झण्डे ख़ाँ का भी उनको साथ मिला गुलाम मोहम्मद तथा नौशाद अली उस्ताद झण्डे ख़ाँ को अपना उस्ताद मानते थे। गुलाम मोहम्मद बाद में नौशाद अली के सहायक भी बने। महान संगीतकार अनिल बिस्वास के साथ भी गुलाम मोहम्मद को काम करने का अवसर मिला। सन् 1947 में इनको स्वतन्त्र रूप से संगीत देने का अवसर 'टायगर क्वीन' में मिला। फ़िल्म 'मिर्ज़ा ग़ालिब' जो मिनर्वा मूवीटोन यानी सोहराब मोदी ने, 1954 में बनाई, के संगीत से गुलाम मोहम्मद सारे भारत में प्रसिद्ध हो गये। ग़ालिब की ग़ज़लों को जो संगीत इन्होंने दिया खासकर 'दिले-नादाँ तुझे हुआ क्या है' और जो सुरैया ने गाया तथा उसी पर फ़िल्माया गया, आज तक अपनी चमक में क़ायम है। इसी फ़िल्म में गुलाम मोहम्मद को फ़िल्म-संगीत के लिए राष्ट्रीय पुरस्कार दिया गया।

गुलाम मोहम्मद ने लगभग 35 फ़िल्मों को संगीत दिया इनका कार्यकाल 1937 से 1972 तक रहा। इनकी न भुलाने वाली फ़िल्में है 'अमर' (1952), 'दिले-नादान' (1953), 'मिर्ज़ा ग़ालिब' (1954), 'कुन्दन' (1955), 'शमा' (19461) तथा 'पाकीज़ा' (1972)।

इसे दुर्भाग्य ही कहा जायेगा कि पाकीज़ा लगभग 16 वर्ष अटकी रहने पर पर्दे पर आयी क्योंकि इसके निर्माता-निर्देशक कमाल अमरोही तथा नायिका, उनकी पत्नी मीना कुमारी में अनबन होने से फ़िल्म लटकी रही। गुलाम मोहम्मद इसकी सफलता तथा गीत-संगीत की लोकप्रियता नहीं देख सके। फ़िल्म 1972 में पदे पर आयी जबकि गुलाम मोहम्मद 17 मार्च, 1968 को स्वर्ग सिधार चुके थे। गुलाम मोहम्मद के निधन के बाद इस फ़िल्म का बैकग्राउंड संगीत नौशाद अली ने पूरा कया। पाक़ीज़ा के सारे के सारे गाने सुपरहिट हुए और आज तक है। इस दौर में शोरशराबे वाला संगीत शुरू हो चुका था। गुलाम मोहम्मद का पाकीज़ा का संगीत आत्मा को चैन देने वाला साहिब हुआ।

इससे पहले 'शमा' (1961) के संगीत में गुलाम मोहम्मद धूम मचा चुके थे। सुरैया द्वारा गाया गाना 'धड़कते दिल की तमन्ना हो मेरा प्यार हो तुम' में सितार तथा गिटार का प्रयोग कमाल का किया है। इस गीत को निम्मी पर फ़िल्माया गया है।

ऐसे संगीतकार जिनको फ़िल्म पाकीज़ा के लिये फ़िल्मफ़ेयर पुरस्कार मिलना चाहिये था, नहीं मिला।

अनिल बिस्वास
(अनिल कृष्ण बिस्वास)

(1914-2003)

कवि प्रदीप का लिखा गाना 'आज हिमालय की चोटी पर फिर हमने ललकारा है' जो फ़िल्म 'किस्मत' (1943) का आज भी स्वतन्त्रता दिवस आने पर बजाया जाता है। 'मेरा बुलबुल सो रहा है शोर ना कर' को भला कौन भूल सकता है,। इन गानों को संगीत दिया था अनिल बिस्वास ने। आपने ये गाना भी बख़ूबी सुना होगा 'दिल जलता है तो जलने दे' मुकेश द्वारा गाया गाना 'पहली नज़र' (1945) जिसे सुनकर स्वयं के.एल. सयगल भ्रमित हो गये थे कि ये गाना उन्होंने कब गाया। फ़िल्म 'आरजू' (1950) का तलत द्वारा गाया गाना 'ऐ दिल मुझे ऐसी जगह ले चल जहाँ कोई न हो' भला कौन भूल सकता है। मुकेश तथा तलत के ये गाने उनके पहले गाने थे जिनसे उन दोनों को फ़िल्मों में पहचान मिली। इसके अलावा साहिर लुधियानवी को फ़िल्म 'दोराहा' (1952) में गाने लिखने का मोका मिला इस फ़िल्म के अन्य गीतकार थे जोश मलीहाबादी, और प्रेम धवन। अनिल बिस्वास का जन्म 7 जुलाई, 1914 को बारीसाल (जो आज बांग्लादेश में है) हुआ।

बिस्वास का कार्यकाल संगीतकार के रूप में 1965 तक रहा। संगीतकार के साथ-साथ वे एक अच्छे गायक भी थे। 'धर्म की देवी' (1935) में इन्होंने अभिनय किया तथा गाना भी गाया और बैकग्राउंड संगीत भी दिया। एम. कुमार हीरो थे तथा सरदार अख़्तर (जो बाद में महबूबकी की पत्नी बनी) इस फ़िल्म की हिरोईन थी। इस फ़िल्म के संगीतकार थे

रफ़िक़ गज़नवी। इसी फ़िल्म के डायरेक्टर हीरेन बोस अनील दा को 1934 में मुम्बई लाये।

इसी दौर में प्लेबैक गाने चलन में आने लगे। 'भारत की बेटी' (1935) के दो गानो की धुन और बैकग्राउंड संगीत अनिल दा ने दिया बाकी के गानों का संगीत उस्ताद झण्डे ख़ाँ ने दिया जो किसी वजह से बीच में फ़िल्म छोड़ कर चले गये थे। इसी फ़िल्म का एक गाना 'तेरे पूजन को भगवान बना मन मंदिर आली शान' अनिल दा ने कम्पोज किया और जिसे गाया रतन बाई ने। ये गाना आज भी सुबह-सुबह कई मन्दिरों में बजता हुआ सुना जा सकता है।

आर्केस्ट्रा संगीत चलन भी अनिल दा ने शुरू किया था। इन्होंने लगभग 90 फ़िल्मों को संगीत दिया। इनमें ख़ास थी 'क़िस्मत' (1943) निर्देशित किया ज्ञान मुखर्जी ने। ये फ़िल्म कलकत्ता के रॉक्सी सिनेमा में लगभग तीन वर्ष तक प्रदर्शित होती रही। 'रोटी' (1942) महबूब द्वारा निर्देशित, जिसमें चन्द्रमोहन हीरो और सितारा हीरोइन थी। इस फ़िल्म के गाने लिखे थे डॉ. सफ़दर 'आह' तथा हज़रत आरज़ु लखनवी ने। इसी फ़िल्म में पहली बार अनिल दा ने बेगम अख़्तर को गायिका के रूप में प्रस्तुत किया। उनका गाया गाना 'चार दिनों की जवानी, फिर फ़स्ले-बहार' आयी 'उलझ गये नैनवा' उस वक्त के प्रसिद्ध गाने थे। इस फ़िल्म ने उस ज़माने में लोकप्रियता का रिकॉर्ड बनाया इसमें बहुत बड़ा हाथ इस फ़िल्म के संगीत का था। 'अनोखा प्यार' (1948), 'ज्वार भाटा' (1944) जो कि दिलीप कुमार की पहली फ़िल्म थी। 'तराना' (1951), 'वारिस' (1954), 'परदेसी' (1957) तथा 'चार दिल चार राहें' (1959), 'औरत' (1940)। महबूब ने डायरेक्ट किया। 1957 में 'मदर इंडिया' रोटी फ़िल्म की रिमेक थी। स्वयं लता मंगेशकर ने कहा है कि उन्होंने अनिल दा से सीखा कि गाना गाते वक़्त साँस को कहाँ रोका जाये, उस पर नियन्त्रण कैसे किया जाये।

अनील दा की बहन पारुल घोष भी गायिका थी तथा पारुल घोष के पति पन्नालाल घोष मशहूर बाँसुरी वादक थे।

मोतीलाल जो कि अनिल दा के दोस्त थे की फ़िल्म 'छोटी छोटी बातें' अनिल बिस्वास की आख़िरी फ़िल्म थी।

अनिल विस्वास 1961 में मुम्बई छोड़कर स्थाई रूप से दिल्ली में मीना कपूर के साथ रहने लग गये थे, जो एक गायिका थी और अंत तक उसी के साथ रहें। इससे पहले उन्होंने आशालता (मेहरून्निसा) से शादी की जो 1930-1940 के ज़माने की फ़िल्म अभिनेत्री थी।

दिल्ली आने पर वे नेशनल ऑर्केस्ट्रा के डाइरेक्टर ऑल इंडिया रेडियो से 1975 तक जुड़े रहे। टी.वी. सीरियल 'हम लोग' (1984) का संगीत दिया। जवाहरलाल नेहरू यूर्निवसिटी में संगीत प्रोफ़ेसर के पद पर सलाहकार रहे। 1986 में अनिल दा को संगीत नाटक अकादेमी पुरस्कार प्राप्त हुआ।

चार वर्ष की अवस्था में ही अनिल दा की संगीत प्रतिभा का पता चल गया था। पहली संगीत शिक्षिका इनकी माँ थी। अनील दा एक अच्छे तबलावादक भी थे। अनिल दा क्रान्तिकारी पार्टी तथा स्वतन्त्रता आन्दोलन से जुड़े रहे इसलिए कई बार इनको जेल भी जाना पड़ा।

अनिल बिस्वास का निधन 31 मई, 2003 को नई दिल्ली में हुआ। उनके निधन पर उस समय के प्रधानमन्त्री अटल बिहारी वाजपेयी ने अनील दा को फ़िल्म संगीत का डॉयन कहा था।

दत्ताराम

(1929-2007)

क्या आप जानते है 'परवरिश' (1958) का गाना 'आँसू भरी हैं ये जीवन की राहें। कोई उनसे कह दे हमें भूल जायें' जिसे लिखा हसरत जयपुरी ने और गाया मुकेश ने और फ़िल्माया गया राजकपूर पर या इसी फ़िल्म का चुलबुला गाना 'मस्ती भरा है समाँ' जिसे हसरत जयपुरी ने लिखा और फ़िल्माया गया राजकपूर और माला सिन्हा पर गाया लता मंगेशकर और मन्ना डे ने। फ़िल्म 'क़ैदी नं. 911' (1959) का गाना 'मीठी-मीठी बातों से बचना जरा' जिसे गाया लता मंगेशकर ने तथा फ़िल्माया गया मीना कुमारी और डेजी ईरानी पर लिखा हसरत जयपुरी ने या फिर 'तेरे तीर को हमने प्यार से दिल में रख लिया' जिसे गाया लता मगेशकर ने और फ़िल्माया गया मीनू मुमताज पर (महमूद की बहन) भला कौन भूल सकता है या 1961 आई फ़िल्म 'ज़िन्दगी और ख़्वाब' जिसने राजेन्द्र कुमार और मीना कुमारी मुख्य भूमिका में थे का गाना 'कभी किसी की खुशियाँ कोई लूटे ना', 'कँटीली-कँटीली नशीली' जिन गानों को लिखा कवि प्रदीप ने, को भी कोई नहीं भूल सकता। इन फ़िल्मों को संगीत दिया था दत्ताराम ने जिनको फ़िल्मों में लोग प्यार से दत्तूजी कहते थे पूरा नाम था दत्ताराम वाडकर।

दत्ताराम 1942 में अपनी माँ के साथ गोवा से मुम्बई आये। कुछ दिन तक उन्होंने मुम्बई डॉक यॉर्ड पर हमाली का भी काम किया। संगीत का शौक बचपन से ही था सो उन्होंने पंढेरी नागेश्वर और यशवन्त करेकर से तबला सीखा। कुछ समय तक सज्जाद हुसेन (संगीतकार) के साथ काम

किया। संगीत के साथ-साथ इनको कसरत का भी शौक़ था। ऐसा ही शौक़ शंकर (शंकर-जयकिशन) को भी था। दोनों एक व्यायामशाला में आते थे। वहाँ पर दत्ताराम ने तबलों का जोड़ा रखा हुआ था। शंकर से रहा नहीं गया और तबला बजाने लगे उनके तबले की थाप सुनकर दत्ताराम को सुखद आश्चर्य हुआ। दत्ताराम ने शंकर को अपना गुरु बना लिया।

शंकर ने ही दत्ताराम को पृथ्वी थिएटर में पृथ्वीराज कपूर से परिचित करवाया जहाँ शंकर तबला तथा जयकिशन हारमोनियम बजाया करते थे। दत्ताराम सितार, शहनाई और ढोलक बजाने में प्रवीण थे। इनका तबला वादन फ़िल्म 'श्री 420' के गाने मुड़ मुड़-के ना देख' रमैया वस्तावैया तथा फ़िल्म चोरी-चोरी के गाने 'आ जा सनम' या फिर 'जहाँ में जाती हूँ' सुनकर लोग आज भी मन्त्रमुग्ध हो जाते हैं। उनके डफ़ के बजाने की बानगी 'दिल का हाल सुने दिल-वाला', 'मेरा नाम राजू' 'जिस देश में गंगा बहती है' (1961) में देखी जा सकती है। ठेका (बीट) के बारे में दत्ता का कोई सानी नहीं था। आज तक ऐसा फ़िल्म इंडस्ट्री में नहीं हुआ जिसके नाम से ठेका हो मगर दत्ता अपने विशिष्ट ठेके के लिए प्रसिद्ध थे कि दत्तू का ठेका और आज उनके देहावसान के बाद भी उनका ठेका चल रहा है।

इतने प्रतिभाशाली होते हुए भी और लगभग 20 फ़िल्मों को स्वतन्त्र रूप से संगीत दे कर भी उन्होंने शंकर-जयकिशन का असिस्टेंट होना नहीं छोड़ा, जो लगभग 40 साल तक जुड़े रहे। इसको आप दत्ता की निष्ठा ही कह सकते हो। ये दत्ता की बीट ही थी जिसने शंकर-जयकिशन की धुनों को चमकाया।

दत्ताराम तथा सेबेस्तियन शंकर जयकिशन के असिटेन्ट ही नहीं थे वे दोनों कमाल के अरेंजर भी थे। दत्ताराम ताल वाद्दय सम्हालते थे और सेबेस्तियन सुर बाद्दय सभालते थे।

दत्ताराम ने लगभग 20 फ़िल्मों को स्वतन्त्र रूप से संगीत दिया जिनमें प्रमुख है 'अब दिल्ली दूर नहीं' (1957) का प्रमुख गाना 'छुन-छुन करती आयी चिड़िया', 'परवरिश' (1958), 'क़ैदी नं. 911' (1959), 'सन्तान' (1959), 'श्रीमान सत्यवादी' (1960), 'काला आदमी' (1960), 'ज़िन्दगी

औ ख़्वाब' (1961) 'जब से तुम्हें देखा है' (1963)। इन सभी फ़िल्मों के गाने आज तक ताज़गी भरे हैं और लोग गुनगुनाते भी हैं। जयकिशन की मृत्यु (1971) के बाद दत्ताराम को लगा कि अब वो बात नहीं रही और वे वापस अपने गाँव गोवा चले आये।

दत्ताराम दूसरे संगीतकारों के वहाँ भी ढोलक आदि बजाने जाते थे जैसा कि कहा गया 'दत्तू का ठेका' मशहूर था। फ़िल्म 'अजी बस शुक्रिया' (1958) के गाने 'सारी-सारी रात तेरी' ढोलक इन्हीं का बजाया हुआ है, संगीत कार थे रोशन इसी तरह 'मधुमति' (1955) के गाने 'घड़ी-घड़ी मोरा दिल धड़के', 'आजा रे परदेसी' तथा 'सुहाना सफ़र' में तबले की थाप दत्ताराम की ही है।

जब तक फ़िल्म जगत रहेगा दत्ताराम का ठेका भी रहेगा। दत्ता का ठेका रहेता तो दत्ताराम भी जीवित रहेगा। वे विनम्र कर्तव्यनिष्ठ स्वामिभक्त इन्सान थे ऐसे इनसान को कभी भुलाया नहीं जा सकता। स्वतन्त्र संगीत देने के बावजूद भी इन्होंने शंकर-जयकिशन से नाता नहीं तोड़ा जैसा कि कल्याणजी-आनन्दजी से लक्ष्मीकान्त-प्यारेलाल ने, हेमन्त कुमार को, स्वतन्त्र संगीतकार बन के रवि ने छोड़ दिया था। दत्ताराम के संगीत में शंकर-जयकिशन की छाप थी फिर भी कुछ नया-नया सा लगता है।

गोवा आकर इनकी किडनी में पथरी हो गई, उसके इलाज तथा इवार्द के लिए इनके पास पैसे नहीं थे और इलाज न होने की वजह से किडनी की बीमारी के रहते दत्ताराम लगभग 78 साल की उम्र में 8 अक्तूबर, 2007 को इस दुनिया से चल बसे।

हुस्नलाल-भगतराम

(1918-1968) (1914-1973)

हिन्दी फ़िल्मों की पहली और सफल संगीतकारों की जोड़ी थी हुस्नलाल भगतराम। दोनों सगे भाई थे। दोनों भाई दिल्ली के रहनेवाले थे। भगतराम ने सन् 1940 के आसपास कुछ फ़िल्मों में भगतराम बातिश के नाम से संगीत दिया तत्पश्चात् लगभग 1944 के आसपास उन्होंने अपने छोटे भाई हुस्नलाल को अपने साथ जोड़ लिया और हुस्नलाल-भगतराम नाम से पहली बार हिन्दी फ़िल्म संगीत में इस जोड़ी का प्रादुर्भाव हुआ। ये जोड़ी 1940-50 की अत्यन्त सफल फ़िल्म संगीत की जोड़ी मानी जाती थी। ये जोड़ी सन् 1955 तक सक्रिय रही। हुस्नलाल-भगतराम के ताऊ के लड़के पण्डित अमरनाथ भी एच.एम.वी. के लिए संगीत देते थे और फ़िल्म संगीतकार भी थे। उनका दौर सन् 1940 के आसपास का रहा।

आपको जानकर आश्चर्य होगा कि इन्होंने शंकर (शंकर-जयकिशन) लक्ष्मीकान्त तथा ख़ैय्याम को भी संगीत की ट्रेनिंग दी। हुस्नलाल क्लासिक गाते थे जबकि भगतराम ने हारमोनियम बजाने में महारत हासिल की थी। इनके निर्देशन में ही सुरय्या तथा लता मंगेशकर की गायकी परवान चढ़ी।

हुस्नलाल भगतराम ने संगीत की बारीकियाँ अपने बड़े भाई पं. अमरनाथ तथा पं. दिलीप चन्द्र बेदी से सीखी तथा हुस्नलाल ने वॉइलिन की शिक्षा उस्ताद बशीर ख़ान से प्राप्त की।

1944 के दौरान प्रभात फ़िल्म कम्पनी में पं. अमरनाथ को अपनी फ़िल्म 'दासी' के लिये संगीत देने का प्रस्ताव आया। उन्होंने अपने दोनों

भाइयों की सिफ़ारिश की तब तक भगतराम स्थापित संगीतकार हो चुके थे क्योंकि वे एक साल में (यानी कि 1939-40) लगभग छह-सात फ़िल्मों को संगीत दे चुके थे।

इस जोड़ी की पहली फ़िल्म 'चाँद' (1944) थी जो सफल रही। बाद की फ़िल्म थी 'हम एक हैं' (1946) जो देव आनन्द की पहली फ़िल्म थी। इस फ़िल्म के कुछ गाने ज़ोहराबाई अम्बालावाली ने भी गाये। इनकी तीन फ़िल्में जिनके डीडी कश्यप निर्देशक थे, 'नर्गिस', 'आज की रात' और 'आन बान' कुछ ख़ास नहीं कर सकीं मगर 'बड़ी बहन' तथा 'शमा परवाना' ने संगीत के क्षेत्र में धूम मचा दी। 'बड़ी बहन' के गाने लिखे थे राजेन्द्र कृष्ण तथा क़मर जलालाबादी ने।, सुरैया, रहमान, गीता बाली प्रमुख कलाकार थे जो सन् 1949 में आयी। इसके गाने 'हो लिखने वाले ने लिख दी' जिसे सुरय्या ने गाया दूसरा गाना 'बिगड़ी बनाने वाले बिगड़ी बना जा' लिखा क़मर जलालाबादी तथा 'चुप-चुप खड़े हो ज़रूर कोई बात है' जिसे लिखा राजेन्द्र कृष्ण ने और गाया लता मंगेशकर तथा प्रेमलता ने, अभी तक लोग भूले नहीं हैं। अक्सर लोग इन्हे सुनते भी हैं और गुनगुनाते भी हैं। इसी तरह गाना 'वो पास रहें या दूर रहें' जिसे लिखा क़मर जलालाबादी और गाया सुरैया ने अभी तक अपनी मिठास क़ायम रखी हुई है। फ़िल्म बड़ी बहन हुस्नलाल-भगतराम के संगीत सफ़र का मील का पत्थर थी।

'सुनो सुनो ऐ दुनियावालो बापू की ये अमर कहानी' महात्मा गाँधी की हत्या के कुछ समय बाद जो राजेन्द्र कृष्ण ने लिखा और मोहम्मद रफ़ी ने गाया रातोंरात प्रसिद्ध हो गया इसको संगीतबद्ध किया था हुस्नलाल ने।

'प्यार की जीत' (1948) के दो गाने 'तेरे नैनों ने चोरी किया मेरा छोटा-सा जिया' लिखा राजेन्द्र कृष्ण तथा 'ओ जाने वाले वादा ना भूल जाना' जो लिखा क़मर जलालाबादी ने और गाये सुरय्या ने जो हमेशा ताज़गी से भरे रहेंगे। इस फ़िल्म एक गाना 'इक दिल के टुकड़े हज़ार हुए कोई यहाँ गिरा कोई वहाँ गिरा' लिखा क़मर जलालाबादी ने, हुस्नलाल भगतराम के अमर गानों में से एक है। 'प्यार की जीत' तथा 'बड़ी बहन' के गानों ने सारे भारत में धूम मचा दी। इसके बाद तो हुस्नलाल-भगतराम

के पास फ़िल्मों की लाइन लग गयी। 1949-50 में इन्होंने लगभा 18 फ़िल्मों को संगीत दिया।

हुस्नलाल-भगतराम की हिन्दी फ़िल्मों में पंजाबी धुनों का पुट हुआ करता था जिसमें पंजाबी लोकगीत भी शामिल थे। बी.आर. चोपड़ा (शादीलाल हांडा) की पहली फ़िल्म 'अफ़साना' (1951) के संगीतकार भी हुस्नलाल-भगतराम थे। हाफिज़ जालंधरी की ग़ज़ल 'अभी तो मैं जवान हूँ' लता मंगेशकर ने गायी। (जिस ग़ज़ल की वजह से मलिका पुखराज भी अत्यन्त प्रसिद्ध हुई थी।)

'अफ़साना' हर लिहाज़ से अत्यन्त सफल फ़िल्म थी ख़ासतौर पर इसके संगीत की वजह से।

मोहम्मद रफ़ी से हुस्नलाल भगतराम ने ज़्यादातर गाने गवाये फिर भी किशोर कुमार से फ़िल्म 'क़ाफ़िला' (1952) लता मंगेशकर के साथ 'लहरों से पूछ लो' गंवाया। 1954 में फ़िल्म 'शमा परवाना' आयी। मुख्य कलाकार थे शम्मी कपूर तथा सुरय्या। 'अप्सरा' (1961) इनकी आख़िरी फ़िल्म थी जो सफ़ल न हो सकी।

शंकर-जयकिशन जो कभी हुस्नलाल-भगतराम के यहाँ तबला तथा हारमोनियम बजाते थे। वक्त वक्त की बात है बाद में उसी शंकर-जयकिशन के ऑर्केस्ट्रा में भगतराम हारमोनियम बजाने लगे। 'आदिल-ए-जहाँगीर' के असफल होने के बाद दोनों भाई दिल्ली आये और पहाड़गंज में रहने लगे। 9 दिसम्बर, 1968 को भगतराम केवल 48 वर्ष की आयु में जब सुबह की सैर करने गये तो गोल डाकखाने (नई दिल्ली) के पास अचानक गिर पड़े और उनकी मृत्यु हो गयी जबकि भगतराम की मृत्यु 29 नवम्बर, 1973 को 53 वर्ष की आयु में मुम्बई में हुई।

हुस्नलाल-भगतराम की संगीतकार के तौर पर कुछ फ़िल्में हैं 'चाँद' (1944), 'हम एक हैं' (1946), 'प्यार की जीत' (1948), 'गायक' (1949), 'बड़ी बहन' (1949), 'अमर कहानी' (1949), 'सूरजमुखी' (1950), 'गौना' (1950), 'अफ़साना' (1951), 'जन्नत' (1957), 'दुश्मन' (1957), 'ट्रॉली ड्राइवर' (1956), 'अप्सरा' (1961)।

हनुमान प्रसाद शर्मा

(-)

ये बात सन् 1942 की है, दादर (मुम्बई) के अपार्टमेन्ट में एक 12 साल की लड़की गाना गा रही थी। गाने की आवाज़ सुनते ही एक शख़्स खड़ा होकर सुनता रहा और मन्त्रमुग्ध हो गया और उस व्यक्ति ने सोचा कि अगर इस लड़की को उचित ट्रेनिंग मिली तो ये गायन के क्षेत्र में कमाल कर सकती है। वो लड़की थी गीता रॉय यानी कि गीता दत्त और उस व्यक्ति का नाम जिसने गीता रॉय को ट्रेनिंग देने की सोची थी, उनका नाम था पं. हनुमान प्रसाद शर्मा। पं. हनुमान प्रसाद शर्मा उस दौर के सफ़ल फ़िल्म संगीतकार थे।

हनुमान प्रसाद शर्मा का संगीत कार्यकाल 1942 से 1961 तक रहा। उनकी पहली फ़िल्म थी 'चौरंगी' (1942) इसके गाने लिखे थे क़ाज़ी नज़रुल इस्लाम, अराजू लखनवी, मिर्ज़ा ग़ालिब और जिगर मुरादाबादी की ग़ज़लें भी ली गयी थीं। हनुमान प्रसाद शर्मा के साथ इस फ़िल्म के संगीतकार क़ाज़ी नज़रुल इस्लाम भी थे। हनुमान प्रसाद शर्मा की दूसरी फ़िल्म थी 'गाली' (1944) इनके साथ संगीत दिया था सज्जाद हुसेन ने गाने लिखे थे राममूर्ति चतुर्वेदी, पण्डित इन्द्र सगुनापिया और स्वयं हनुमान प्रसाद तथा के.सी. वर्मा, सरस्वती कुमार दीपक, भगवती प्रसाद की वाजपेयी, तथा पं. वार बेकल। इस फ़िल्म में ही गीता रॉय (गीता दत्त) ने एक गाना कोरस में गाया जो केवल दो लाइनें थी। हनुमान प्रसाद की अन्य फ़िल्म थी 'भूल का शिकार' (1950) गाने लिखे थे महेश ठाकुर, मनोहर खन्ना 'अपनी छाया'

(1950) गाने लिखे थे प्यारेलाल संतोषी ने 'रसीली' (1946) गाने लिखे थे गाफिल हवनालवी तथा स्वयं हनुमान प्रसाद ने। इस फ़िल्म का एक गाना 'दिल दिया मुझको जलाता है' जिसे गाया शमशाद बेगम तथा मोहम्मद रफ़ी ने इसी फिल्म एक गाना 'नेह लगा मुख मोड़ गया' गीता दत्त ने हनुमान प्रसाद के साथ गाया था। हनुमान प्रसाद की अन्य फ़िल्में थी हनुमान प्रसाद की अन्य फ़िल्म थी 'गाली' (1944) 'बड़ी माँ' (1946), 'जासूस' (1947), 'मिडल फेल' (1948), 'हिप हिप हुर्रे' (1948), 'दौलत' (1949), 'भूल का शिकार' (1950), 'उषा किरण' (1952), 'मुराद' (1961), 'सौदागर' (1951), 'चिलमन' (1949), 'जन्नत' (1949), 'जीना सीखो' (1946)।

इन फिल्मों को भी पं. हनुमान प्रशाद शर्मा ने संगीत दिया।

के.सी. डे
(कृष्ण चन्द्र डे)

(1893-1962)

एक व्यक्ति में कितनी विशेषताएँ हो सकती हैं और वो भी नयन ज्योति न होने पर तो सहज नाम याद आता है वो हैं– के.सी. डे (कृष्ण चन्द्र डे)। संगीतकार, साज़िन्दा, कलाकार, गायक तथा संगीत टीचर। केवल 14 वर्ष की आयु में के.सी. डे अपनी आँखों की ज्योति खो बैठे थे। इनका जन्म 24 अगस्त, 1893 में कलकत्ता में हुआ। इनका कार्यकाल सन् 1932 से 1946 तक रहा। इन्होंने कई फ़िल्मों में अभिनय भी किया। प्रमुख फ़िल्में हैं 'भारत माता' (1938), 'विद्यापति' (1937), 'देवदास' (1936), 'मंज़िल' (1936), 'पुजारिन' (1936), 'धूप-छाँव' (1935), 'पूरन भगत' (1933)। इन्होंने 10 फ़िल्मों में संगीत दिया ये फिल्में थीं, 'मिलाप' (1937), 'बागी सिपाही' (1936), 'चन्द्रगुप्त' (1934), 'पुरावी' (1945)। करीब 8 फ़िल्मों में ये मुझिशियन भी रहे प्रमुख फ़िल्में हैं 'तमन्ना' (1942), 'देवदास' (1935), 'चण्डीदास' (1932), 'विद्यापति' (1933)। फ़िल्म 'अम्बिका पति' (1937) का इन्होंने बैकग्राउंड संगीत दिया तथा 'भगवान श्रीकृष्ण चैतन्य (1954) के ये प्लेबैक सिंगर थे।

फ़िल्म 'पूरन भगत' (1933) का भजन 'जाओ जाओ ऐ मेरे साधु, जाओ गुरु के संग' एक बहुत ही लाजवाब ताज़गी भरा गाना है। इस फ़िल्म का संगीत रायचंद बोराल ने दिया था। कहते हैं कि के.सी. डे

को पतंग उड़ाने का बहुत शौक़ था। और भरी दोपहरी में भी वे पतंग उड़ाया करते थे परिणाम यह हुआ के केवल 14 साल की उम्र में ये अपनी आँखों की रोशनी खो बैठे।

1940 तक मुम्बई आने से पहले इन्होंने भी कलकत्ता की प्रसिद्ध फ़िल्म कम्पनी न्यू थियेटर्स में काम किया। प्रसिद्ध संगीतकार सचि नदेव बर्मन के.सी. डे को अपना पहला संगीत टीचर तथा आदर्श समझते थे।

के.सी. डे ने अपने जीवनकाल में लगभग 600 गाने रिकार्ड किये जो हिन्दी, बंगाली, उर्दू, गुजराती में थे उन्होंने लगभग 7 या 8 गाने भी गाये।

प्रसिद्ध गायक मन्ना डे के के.सी. डे चाचा थे। के.सी. डे का निधन 28 नवम्बर, 1962 को कोलकाता में हुआ।

जयदेव

(1918-1987)

'अभी ना जाओ छोड़ कर' 'हम दोनों' (1961), 'मैं ज़िन्दगी का साथ निभाता चला गया'-हम दोनों' (1961), 'या फिर नदी नारे ना जाओ श्याम पैयाँ पड़ू' 'मुझे जीने दो' (1963) इन गानों को जो साहिर ने लिखे, जिनको अपनी धुनों से सँवारा उस संगीतकार जयदेव को भला कौन भूल सकता है। जयदेव यानी कि जयदेव वर्मा का जन्म 3 अगस्त, 1918 को नैरोबी (केन्या) में हुआ।

जयदेव का जन्म चाहे नैरोबी में हुआ हो मगर उनका लालन-पालन लुधियाना में हुआ। जैसा कि हरेक के मन में होता है वो फ़िल्म स्टार बनने जयदेव केवल 15 वर्ष की उम्र में 1933 में भागकर मुंबई आ गये। करीबन 8 फ़िल्मों में उन्होंने चाइल्ड आर्टिस्ट के तौर पर बाड़िया फ़िल्म कम्पनी में काम किया। वैसे इनको बचपन से संगीत का भी शौक़ था। इन्होंने कृष्णराव जाओकर और जनार्दन जाओकर से संगीत सीखा।

पिता के अंधतत्त्व की वजह से ये लुधियाना वापस आये क्योंकि रोटी कमाने का सवाल था। जिसको संगीत की धुन सवार हो जाये वो चुप नहीं बैठ सकता। पिता की मृत्यु के पश्चात् इनकी शादी सतपाल वर्मा से हो गयी फिर 1943 में लखनऊ चले गये। वहां उस्ताद अली अकबर ख़ाँ से संगीत शिक्षा ग्रहण की।

आगे चलकर वे उस्ताद अली अकबर ख़ाँ के असिस्टेंट बन गये। अली अकबर ख़ाँ ने नवकेतन की 'आँधियाँ' (1952) में संगीत दिया।

गाने लिखे थे नरेन्द्र शर्मा ने निर्देशक थे चेतन आनंद। नवकेतन की टैक्सी ड्राइवर फ़िल्म में जयदेव अली अकबर ख़ाँ के जयदेव सहयोगी थे।

चेतन आनन्द ने जयदेव को अपनी आगे की फ़िल्मों में लेने की जोरू का भाई' 'अंजली' स्वतन्त्र रूप से संगीत दिया।

जयदेव संगीतकार के रूप में लोगों के सामने फ़िल्म 'हम दोनों' (1961) में आये इस फ़िल्म के गाने संगीत आकाश पर एकदम छा गये। सारे के सारे गाने एकदम हिट हो गये। बाद की फ़िल्म 'मुझे जीने दो' (1963) के गाने भी जो साहिर ने लिखे 'नदी नारे ना जाओ' या फिर 'अब कोई गुलशन न उजड़े अब वतन आज़ाद है' भी बहुत सराहे गये।

जयदेव ने ग़ज़ल 'सीने में जलन'-गमन (1979), जिसे लिखा शहरयार ने में कमाल का संगीत दिया। नये गायकों को भी जयदेव ने फ़िल्मों में गाने का अवसर दिया जैसे कि सुरेश वाडकर, हरिहरन, छाया गाँगुली को फ़िल्य गायन में अवसर प्रदान किया।

हरिवंश राय की 'मधुशाला' में भी उन्होंने संगीत दिया जिसे मन्ना डे ने अपना स्वर दिया। जयदेव ने लगभग 42 फ़िल्मों को संगीत दिया उनकी ख़ास फ़िल्में है 'हम दोनों' (1961), 'मुझे जीने दो' (1963), 'रेशमा और शेरा' (1971), 'प्रेम पर्वत' (1973), 'घरोंदा' (1977), 'गमन' (1979)।

जयदेव एस.डी. बर्म के संगीत सहायक रहे हैं। 'चलती का नाम गाड़ी' (1958), 'लाजवन्ती' (1958) में बर्मन दा के सहायक रहे।

जैसा कि जानते हैं इन्होंने चाइल्ड आर्टिस्ट के तौर पर भी काम किया फ़िल्में थीं 'हण्टरवाली' (1935), 'मिस फ़्रंटियर मेल' (1936)

जयदेव को 'रेशमा और शेरा' (1972), 'गमन' (1974) और 'अनकही' (1945) में स्टेट म्यूजिक डायरेक्टर का राष्ट्रीय पुरस्कार प्राप्त हुआ। मध्य प्रदेश सरकार ने भी इनको लता मंगेशकर पुरस्कार से सम्मानित किया।

बेहद प्रतिभाशाली, स्वाभिमानी मगर दुनिया के छक्के पंजों से दुर सीधे-सादे इन्सान थे जयदेव। एक क़िस्सा उनके स्वाभिमान का है कि एक बार एक स्थापित गीतकार ने जयदेव से कहा कि जयदेव, अपना

हारमोनियम लेकर मेरे घर आजाओं, गीतों की धुनें तैयार करनी हैं। जयदेव वहाँ गये नहीं और उस गीतकार के गीतों को कभी संगीत नहीं दिया, जबकि पहले भी कई सफल फ़िल्मों में उस गीतकार की जयदेव से अच्छी जोड़ी बनी थी।

ऐसे संगीत सितारे जयदेव का इंग्लैंड में 6 जनवरी, 1987 को निधन हो गया।

गुलाम अहमद चिश्ती

(1905-1994)

गुलाम अहमद चिश्ती (जी.ए. चिश्ती) पाकिस्तान फ़िल्म संगीत के जनक थे। उनको बाबा चिश्ती भी कहा जाता था। बाबा चिश्ती के फ़िल्म संगीत के बिना पाकिस्तान फ़िल्म संगीत की कल्पना भी नहीं की जा सकती। जी. ए. चिश्ती का फिर भी यहाँ ज़िक्र करना ज़रूरी है क्योंकि अविभाजित भारत में उन्होंने कई फ़िल्मों को संगीत दिया। बाबा चिश्ती की पंजाबी धुनों को कोई सानी नहीं था।

बाबा चिश्ती संगीतकार के अलावा फ़िल्मी गीतकार भी थे। सैकड़ों गाने उन्होंने लिखे। करीबन 140-150 फ़िल्मों में संगीत दिया। हम उनकी भारतीय फ़िल्मों के संगीत के बारे में बात करेंगे।

बाबा चिश्ती का जन्म 17 अगस्त, 1905 में जालन्धर के पास गुन्नाचौर गाँव में हुआ। उनका कार्यकाल 1935 से 1995 तक रहा। इनको बचपन से ही संगीत का शौक़ था। वे नात गाया करते थे। उस ज़माने के स्टेज-डाइरेक्टर आगाहश्र कश्मीरी ने जी.ए. चिश्ती प्रतिभा को पहचानकर अपने नाटकों में संगीत देने के लिए उनको 1934 में को लाहौर बुला लिया।

कश्मीरी की मृत्यु के बाद इन्होंने ग्रामोफ़ोन कम्पनी से जुड़ गये और जद्दनबाई (नर्गिस की माँ), अमीरबाई कर्नाटकी से शुरुआती तौर पर गाने गवाये।

नूरजहाँ को जब वे नौ साल की थी, पहली बार स्टेज पर चिश्ती ने मौक़ा दिया। 'दीन-औ-दुनिया' (1936) उनकी पहली फ़िल्म थी। दूसरी

फ़िल्म 'रूपलाल शौरी की' 'सोहनी महिवाल' (1938) थी। 'शुक्रिया' (1944) इनकी फ़िल्म थी। प्रसिद्ध संगीतकार खय्याम ने भी संगीत शिक्षा कही हद तक जी.ए. चिश्ती से सीखी।

1949 में बाबा चिश्ती पाकिस्तान चले गये। उस वक़्त पाकिस्तानी फ़िल्म बाल्यकाल में थी।

जी.ए. चिश्ती ने आर.सी. तलवार के प्रोडक्शन में दो पंजाबी फ़िल्मों 'चम्बे दी कली', 'परदेसी ढोला' (1941), 'मुबारक' (1941) ये भी पंजाबी फ़िल्म थी, का संगीत दिया। 'पाप की नगरी', 'ख़ामोशी' (1942), 'मनचली' (1943), 'कलियाँ' (1944), 'झूटी क़सम' (1948), 'दो बातें' (1949), 'नयी भाभी' (1950) इनकी कुछ फ़िल्में थीं जो अविभाजित भारत में बनीं और उनका संगीत जी.ए. चिश्ती ने दिया, इसलिए जी.ए. का ज़िक्र यहाँ करना ज़रूरी है। आर.सी. तलवार (एक दिल सौ अफ़साने फ़ेम) की फ़िल्में 'मनचली' (1943), 'ख़ामोशी' (1942), 'अलबेला' (1945), केदार शर्मा द्वारा निर्मित 'कलियाँ' (1944), अविभाजित भारत में बनी। स्नेहल भाटकर भी जी.ए. चिश्ती की खोज थे। एच.एस. रवेल ('मेरे महबूब' फ़िल्म के लिए प्रसिद्ध) की फ़िल्में 'दो बातें' (1949), 'नई भाभी' (1950) का संगीत भी जी.ए. चिश्ती ने दिया।

पाकिस्तान जाकर उन्होंने वहाँ कई प्रसिद्ध फ़िल्मों को संगीत दिया 'फेरे' वहाँ की पहली फ़िल्म थी जिसने रजत जयन्ती मनाई।

पाकिस्तानी फ़िल्म संगीत के पितामह गुलाम अहमद चिश्ती का 25 दिसम्बर, 1994 को हृदयगति रुक जाने से लाहौर में निधन हो गया।

फिरोज़ निज़ामी

(1910-1975)

'यहाँ बदला वफा का बेवफाई के सिवा क्या है' मुहम्मद रफ़ी तथा नूरजहाँ का गाया गाना तथा लिखा असग़र सरहदी को आज तक संगीत प्रेमी भूल नहीं पाये। ये गाना फ़िल्म 'जुगनू' (1947) का है। दिलीप कुमार की ये पहली बड़ी हिट फ़िल्म थी। इसके निर्माता-निर्देशक थे शौकत हुसेन रिज़वी, जो नूरजहाँ के पति थे। इस फ़िल्म ने उस दौर में 50 लाख की कमाई की थी। आप शायद जानते होंगे इस फ़िल्म के संगीतकार थे फ़िरोज़ निज़ामी (फ़िरोजुद्दीन अहमद) इनका जन्म 10 नवम्बर, 1910 को लाहौर में हुआ।

फ़िरोज़ निज़ामी संगीत-निर्देशक के अलावा नामचीन गायक थी थे। इनकी पढ़ाई गवर्नमेंट इस्लामिया कॉलेज और बाद में गवर्नमेंट कॉलेज लाहौर में हुई। शुरुआती दौर में फ़िरोज़ निज़ामी लाहौर रेडियो पर गायक के रूप में कार्य करते थे। बाद में कुछ समय के लिये दिल्ली और लखनऊ में स्थानान्तरण हुआ। रेडियो में काम करते-करते इनकी पहचान सआदत हसन मंटो तथा कृष्ण चन्दर से हुई। ख़्वाज़ा ख़ुर्शीद अनवर जो उस ज़माने के प्रसिद्ध संगीतकार थे, से भी परिचित हुए।

फिरोज़ निज़ामी ने अपने कॅरियर की शुरुआत 1943 में आयी फ़िल्म 'विश्वास' से की। इनकी संगीत बद्ध कि हुई फ़िल्म 'जुगनू' (1947) ने पूरे हिन्दुस्तान में धूम मचा दी। संगीत और गीत लोगों के दिलो-दिमाग़ पर छा गये। दिलीप कुमार की भी ये शुरूआती फ़िल्मों में से एक थीं। अपने उच्च शिखर पर होते हुए फिरोज़ निज़ामी पाकिस्तान चले गये। इनको उस्ताद भी कहा गया।

पाकिस्तान में इन्होंने फ़िल्म ‘हमारी बस्ती’ (1944) में संगीत दिया, वो फ़िल्म असफल रही मगर 1950 में ‘दुपट्टा’ फ़िल्म ने संगीत के झण्डे गाड़ दिये।

फ़िरोज़ निज़ामी की कुछ फ़िल्में हैं ‘विश्वास’ (1943), ‘उस पार’ (1944), ‘बड़ी बात’ (1944), ‘उमंग’ (1944), ‘शरबती आँखें’ (1945), ‘पिया मिलन’ (1945), ‘अमर राज’ (1946), ‘नेक परवीन’ (1946) तथा भारत में आख़िरी फ़िल्म ‘जुगनू’ (1947)। लगभग 16 पाकिस्तानी फ़िल्मों मे संगीत दिया जैसा कि कहा है दुपट्टा (1952) इनकी संगीत की दृष्टि से सफल पाकिस्तानी फ़िल्म थी।

फिरोज़ निज़ामी 15 नवम्बर, 1975 को लाहौर में गुज़र गये। इनकी पत्नी गुलाम फ़ातिमा जो कि भारतीय थीं, अत्यन्त ग़रीबी में पाकिस्तान छोड़कर भारत आ गयीं।

विनोद-ई-आर

(1905-1994)

आपने एक गीत सुना होगा, लारा लप्पा-लारा लप्पा लायी रखदा अदिदप्पा अदिदप्पा लायी रखदा...। जो पंजाबी लोक गीत पर आधारित था। इसके बोल लिखे थे, अजीज कश्मीरी ने और आई.एस. जौहर ने कहानी लिखी थी। हम फ़िल्म को संगीत देने वाले संगीतकार का नाम था 'विनोद' जिनका असली नाम था एरिक रॉबर्ट्स... फिल्म का नाम था, 'एक थी लड़की'। जो 1949 में रिलीज हुई, इस फ़िल्म के निर्देशक थे रूप कुमार शौरी ये गाना मीना शौरी (रूप किशोर की पत्नी) मीना शौरी और मोतीलाल, जिनका असली नाम खुर्शीद जहाँ था, पर फिल्माया गया। इस अकेले गाने ने विनोद को एक महान संगीतकार के रूप में ला दिया। इस गाने को मोहम्मद रफ़ी, लता मंगेशकर और जी.एम. दुर्रानी ने गाया।

विनोद का जन्म 28 मई, 1922 को लाहौर में हुआ। विनोद का कार्यकाल 1946 से 1962 तक रहा, जबकि तीन फ़िल्में उनकी मृत्यु के पश्चात पर्दे पर आयीं। शुरू-शुरू में विनोद पंजाबी, हिन्दू शादियों में संगीत दिया करते थे। ये पण्डित अमरनाथ के शिष्य भी रह चुके हैं। वही पण्डित अमरनाथ जो मशहूर संगीत जोड़ी हुस्नलाल-भगतराम के भाई थे। 17 साल की छोटी-सी उम्र में विनोद ने अपना पहला रिकॉर्ड कम्पोज किया।

1946 में इनकी पहली फ़िल्म आयी, जिसका नाम था 'खामोश निगाहें।' शुरू-शुरू में लता मंगेशकर ने कुछ पंजाबी फ़िल्म में गीत गाये जैसे चिलमन (1948)। रूप कुमार शौरी ही विनोद को मुम्बई लाये। विनोद की शादी शीला बेदी से लाहौर में हुई। विनोद के दो लड़कियाँ थीं। एक का

नाम वीना सोलोमन और दूसरी वीरा मिस्त्री विनोद ने लगभग 35 फ़िल्मों को संगीत दिया। जिनमें से कुछ फ़िल्मों के नाम इस तरह हैं:

खामोश निगाहें (1946), पराये बस में (1946)। पराये बस का संगीत इन्होंने नियाज़ हुसैन के साथ दिया। कामिनी (1946), एक थी लड़की (1949), तारा (1949), अनमोल रतन (1950), वफ़ा (1950)। वफ़ा का संगीत इन्होंने बिल्लोसी रानी के साथ दिया। वही बुल्लोसी रानी, जिनकी कब्बाली-हमें लो लूट लिया, मिल के हुस्न बालों ने, फ़िल्म अल हिलाल (1958) में संगीत दिया।

विनोद का देहान्त 25 दिसम्बर, 1959 को केवल 37 वर्ष की आयु में टिटनस से मुम्बई में हुआ। कारण था कि उन्होंने अपनी दाढ़ी एक जंग लगे ब्लेड से बनायी थी। अस्पताल के जाने से पहले ही विनोद कोमा में चले गये। केवल 37 उम्र में विनोद ने जो हिन्दी सिनेमा को संगीतकार के रूप में सेवा की वह अतुलनीय है। केवल एक गाना 'लारा लप्पा लारा लप्पा लायी काफी था। उनको संगीत सिखर पर पहुँचाने के लिए।